La ley de la atr-acción para emprendedores

Los secretos avanzados de cambio de identidad para manifestar los ingresos y el impacto que te mereces

Ley de la atracción - libros cortos nº 4

Por Elena G. Rivers

Elena G. Rivers © Copyright 2020 - Todos los derechos reservados.

ISBN: 978-1-80095-075-7

Aviso legal:

Todos los derechos reservados. Ninguna parte de esta publicación puede ser reproducida, almacenada en un sistema de recuperación o transmitida de ninguna forma o por ningún medio, ya sea electrónico, mecánico, de fotocopia, de grabación o de otro tipo, sin el permiso previo por escrito del autor y de los editores.

El escaneo, la carga y la distribución de este libro a través de Internet o por cualquier otro medio sin el permiso del autor es ilegal y está penado por la ley.

Por favor, compre solo ediciones electrónicas autorizadas, y no participe ni fomente la piratería electrónica de materiales con derechos de autor.

Aviso de exención de responsabilidad:

Tenga en cuenta que la información contenida en este documento tiene únicamente fines de inspiración y entretenimiento.

Se ha hecho todo lo posible para proporcionar información precisa, actualizada y completamente fiable. No se ofrecen garantías de ningún tipo, ni expresas ni implícitas.

Los lectores reconocen que el autor no se dedica a prestar asesoramiento legal, financiero, sanitario, médico o profesional.

Al leer esta publicación, el lector acepta que bajo ninguna circunstancia somos responsables de cualquier pérdida, directa o indirecta, en la que se incurra como resultado del uso de la información contenida en este documento, incluyendo, pero no limitado a errores, omisiones o inexactitudes.

Contents

Introducción: Por qué las técnicas tradicionales de la ley de la atracción no son suficientes para los emprendedores 7

Transforma tu mentalidad para aumentar tus ingresos y tu impacto en el mundo 15

Los peligros ocultos de manifestar desde tu antigua identidad 24

Por qué la "normalización" es el paso número uno para empezar a cambiar tu identidad y tu realidad 28

El arte de la acción consciente y la productividad natural 30

Desata una motivación imparable (¡se acabó el pensar demasiado!) 35

Por qué la plena responsabilidad es sexy y atractiva (¡y el universo te amará por ello!) 38

Claridad mental para una confianza magnética (¡no dejes que tu antiguo yo te bloquee!) 42

Ejercicio de claridad mental 44

Cómo la mentalidad basada en la curiosidad y la disciplina consciente pueden ayudarte a manifestar más rápido (sin estrés ni agotamiento) 50

Libérate del síndrome del perfeccionista 55

Utiliza tu "Quién" para despejar tu cabeza 67

Pase lo que pase, ¡sucede PARA ti! 70

Cómo NO aprender (evita esta trampa) 80

El verdadero secreto del aprendizaje consciente (y los peligros ocultos de las redes sociales) 86

¡Protege tu mente! 88

El éxito es un estado de relajación (deja de contraerte y empieza a expandirte) 91

La verdad honesta sobre el músculo de la paciencia (utilízalo a tu favor) 96

El mayor activo comercial que puedes crear (¡todos los grandes líderes lo tienen!) 103

Por qué NO BASTA con crear el avatar ideal de tu cliente hasta que no hagas una cosa en particular .. 107

Utiliza el micro marketing de nicho energético para manifestar tus clientes soñados con facilidad 111

La fórmula de inmersión total para eliminar las creencias limitantes en piloto automático 114

Crea objetivos increíbles basados en el proceso (¡no más ansiedad!) 122

"¿Qué pensarán los demás de mí?" 124

Por qué la estrategia no es suficiente (la fuerza invisible de la autoimagen) 129

¡El ÚNICO ejercicio que NO PUEDES DEJAR de hacer nunca! 132

Deja ir la angustia (¡funciona como magia!) 138

Sé un emprendedor de la ley de la atr-acción, ¡Tú puedes hacerlo! 141

Más Libros de Elena G. Rivers en Español 143

Introducción: Por qué las técnicas tradicionales de la ley de la atracción no son suficientes para los emprendedores

Es hora de que te centres en los pensamientos, las acciones y las decisiones que se alinean plenamente con tu visión, para que puedas crear una vida de libertad, realización y abundancia.

Entonces, ¿cómo puedes transformar tu negocio, tu vida y tus ingresos con la ley de la atracción? ¿Y qué es exactamente *La ley de la atr-acción para emprendedores*?

Para simplificarlo, *La ley de la atr-acción para emprendedores* es un sistema único basado en la acción consciente, la comprensión de tu ser superior, las leyes universales de la abundancia y la gratitud, así como las estrategias de marketing, que son prácticas, honestas y auténticas basadas en el amor.

Sin embargo, los principios centrales detrás de la metodología que comparto en este libro están arraigados a un profundo trabajo de mentalidad y energía que te ayuda a cambiar tu personalidad en un nivel básico y a manifestar tus sueños empresariales más rápidamente.

Permíteme comenzar con lo que este libro no es, y quién no debería leerlo. Soy consciente de que no todo el mundo está preparado para manifestar la abundancia a partir de su propio negocio. Si ese es tu caso, no quiero que pierdas tu tiempo y tu energía, que podrían estar mejor invertidos en otra cosa.

Este no es un libro básico de la ley de la atracción. Por lo tanto, no te dirá solo que pienses positivamente, que crees un tablero de visión y que sigas afirmando lo que quieres. No me malinterpretes, ¡no tengo nada en contra de las afirmaciones y los tableros de visión! Todas las técnicas de la ley de la atracción, tales como la escritura, la visualización, la afirmación, y todo lo demás funcionan bien, no obstante, no son eficaces si una persona no está dispuesta a cambiar su mentalidad y energía. Una persona con una mentalidad pobre puede pasar todo el día afirmando "soy muy rico", y aun así sentirse indigno del éxito; es así que envía una vibración de escasez al universo.

Todos los métodos de la ley de la atracción que probablemente hayas encontrado son tácticas, pero para que sean eficaces, deben formar parte de una estrategia mayor. Y la mejor estrategia para atraer lo que quieres es manteniendo una coincidencia vibracional con ello. Si quieres manifestar a través de tu propio negocio, todos tus productos, servicios y mensajes de marketing deben vibrar a un nivel particular para ayudarte a manifestar la abundancia y el impacto que deseas. La mejor manera de hacerlo es cambiando tu identidad para que tus pensamientos, sentimientos y acciones se alineen con lo que quieres.

No hace falta decir que la acción es necesaria para tener éxito con este libro, por eso el título es el siguiente: la ley de la **atr-acción**.

No quiero sonar condescendiente, pero no tengo energía para tratar con gente que espera algo a cambio de nada.

Todos los líderes y emprendedores de éxito guiados por el corazón actúan. Incluso los gurús de la manifestación que te dicen que no se requiere ninguna acción, siguen tomando acción todos los días para desarrollar y expandir su negocio e impacto. Simplemente forma parte de lo que son. No pueden parar.

Ah, y este no es un libro que te enseña cómo ganar la lotería rápidamente. No es para gente que quiere que le regalen algo sin siquiera intentar añadir algún valor al mundo. No obstante, si tu problema es que tienes el sueño de iniciar un negocio pero no tienes idea de lo que podría ser, entonces este libro te ayudará a ganar claridad. Estás en el camino correcto. Mientras quieras añadir valor y crear un negocio que ayude a la gente, estás en el buen camino, y todas tus respuestas se irán desvelando a medida que sigas tomando las acciones sugeridas en este libro.

Con todo, este libro no es solo para los nuevos emprendedores o los que acaban de empezar. Si eres un emprendedor experimentado, pero tal vez sientes que te has topado con el límite invisible, o tal vez tu pasión y tu propósito se desvanecen y te sientes estancado, entonces este libro te dará herramientas valiosas que podrás utilizar para pasar al siguiente nivel.

Sé lo que es sentirse atascado en los negocios. Trabajas duro, aplicas nuevas estrategias de marketing, pero nada parece funcionar. Si ese es tu caso, y ya has probado todas las soluciones externas, has trabajado con expertos en marketing y demás, y ahora sospechas que el problema es interno, este libro te ayudará. No hay nada malo en ti, solo necesitas aprender a trabajar con las leyes universales y llevar a cabo algunos arreglos simples en tu mentalidad y energía.

Además, este no es un libro de negocios. No soy una consultora o estratega de negocios. Este libro no te enseñará cómo montar un negocio, ni los aspectos legales del mismo, ya que para eso tendrías que hablar con un contable o un abogado profesional. Y no puedo darte la táctica de marketing más novedosa para este año o la mejor oportunidad de negocio. No tengo ninguna oportunidad de negocio para venderte en este libro. La mejor oportunidad siempre será la que se alinee con tus fortalezas y pasiones, y este libro está diseñado para darte algo de claridad en tu camino.

Como un regalo extra, al final de este libro, comparto algunas ideas que puedes aplicar para comenzar, desarrollar y expandir tu negocio, ya sea que quieras hacer algo al margen, o ser un emprendedor de tiempo completo. Pero al igual que con las herramientas o métodos de manifestación, no hay tal cosa como la mejor manera de iniciar un negocio, porque eso depende de muchos factores tales como tus habilidades, antecedentes, país, estatus socioeconómico y, lo más importante: tu mentalidad y energía.

Y es en esto que se centra este libro. Crea un puente entre el mundo de los negocios y la ley de la atracción. Se centra en los cambios de mentalidad y energía que necesitas para convertirte en la persona que puede manifestar el negocio de sus sueños.

Este libro te ayudará a:

- Determinar los bloqueos que te impiden iniciar o expandir tu negocio.
- Cultivar tu músculo de la confianza mientras das rienda suelta a tu autenticidad.
- Conseguir que tu visión sea sumamente clara para que puedas centrarte en desarrollar un negocio de libertad en todos los aspectos.
- Eliminar las dudas, el perfeccionismo, las creencias limitantes y el miedo al fracaso.
- Evitar el agotamiento y la falta de energía.
- Sentirte realizado y que recibas reconocimiento.
- Atraer a los clientes adecuados a tu negocio para que disfrutes de lo que haces.
- Descubrir cómo superar los bloqueos de dinero.
- Entender cómo transformar la ansiedad en entusiasmo y empoderamiento.

Este libro es perfecto para:

- Profesionales a los que les encantaría dejar su trabajo corporativo, o incluso lanzar un negocio inspirado por la pasión, al mismo tiempo que mantienen su trabajo corporativo, pero no tienen idea de por dónde empezar.
- Emprendedores inspirados que probaron diferentes oportunidades de negocio y nada parecía funcionar, a pesar de que completaron todos los programas de negocios.
- Emprendedores y sanadores que quieren compartir su mensaje con el mundo, pero se sienten atascados.
- Creativos, escritores, artistas y autores a los que les encantaría convertir su trabajo en ingresos constantes mientras crean un legado.
- Entrenadores, consultores y proveedores de servicios que están hartos de no atraer a los clientes adecuados a su negocio, y buscan crecer atrayendo a público de calidad que esté dispuesto a pagar precios más altos.
- Propietarios de negocios establecidos que se sienten estancados en un determinado nivel de

ingresos, que aunque trabajan duro y tienen una buena estrategia, ya nada parece funcionarles.

En otras palabras, ¡es hora de hacer un cambio de mentalidad y energía, y liberarte de lo que ya no te sirve!

El verdadero éxito y la felicidad comienzan con el autoconocimiento. Si quieres crear un negocio y una vida que tengan sentido, no puedes desconectar tus sentimientos y emociones. Tienes que profundizar y darte cuenta de lo que está pasando. Toma decisiones alineadas con lo que quieres para diseñar un negocio que te guste.

No tienes que conseguirlo para hacer felices a los demás. Para ser libre, tienes que entender lo que quieres y empezar a crear con base en eso.

Si sigues las estrategias que te enseñaré en este libro, podrás alcanzar tus objetivos más rápido y con menos estrés.

Todo el mundo tiene algo que puede transformar en un negocio. Solo es cuestión de bucear en la profundidad de tu ser, encontrarlo y superar las batallas mentales.

Transforma tu mentalidad para aumentar tus ingresos y tu impacto en el mundo

El éxito deja pistas y se puede aprender mucho estudiando el rastro de los emprendedores prósperos. No obstante, el error número uno que comete la mayoría de los emprendedores nuevos es que no saben realmente cómo estudiar el éxito. No saben qué tipo de preguntas hacer. Cuando observan a alguien que ha alcanzado la libertad financiera, la pregunta que suelen hacer es: *¿qué hiciste? ¿Cuál es tu modelo de negocio?*

Aunque no es una pregunta errónea, una mejor pregunta debería ser: *¿cómo piensas?*

Existen millones de modelos de negocio y todos pueden funcionar. Lo que realmente importa es que te conozcas a ti mismo lo suficientemente bien como para determinar cuál es el camino correcto para ti, de modo que puedas iniciar y desarrollar un negocio que se alinee con tus fortalezas, pasiones, talentos, valores y visiones.

Sí, los emprendedores de éxito también entienden la importancia de una buena estrategia y de los modelos de negocio. Sin embargo, una persona puede tener un mentor que sea el mejor estratega de negocios y aun así fracasar si no piensa como una persona de éxito.

Se trata de transformar la mentalidad para poder cambiar la forma de hacer las cosas. La buena noticia es que puedes hacer ingeniería inversa de los patrones de éxito más efectivos y utilizarlos para cambiar tu realidad.

Los emprendedores y líderes exitosos, personas como Bob Proctor, Oprah, o Tony Robbins, hacen las cosas de una manera específica y piensan de una manera determinada. Supongamos que un coach y emprendedor experimentado como Tony Robbins regala su negocio a alguien que está empezando. Comparte el manual con la estrategia y demás. ¿Crees que un principiante tendría éxito? ¿Crees que podría manejar tanta responsabilidad a la vez? Probablemente no, porque su identidad aún no está alineada con una misión tan grande. Para dirigir una gran empresa de coaching, se necesita la mentalidad de una persona que sienta que es normal que dirija el espectáculo a gran escala.

Ahora bien, esto es solo un ejemplo en una industria específica (el coaching). Eché mano de él porque asumo que la mayoría de ustedes están familiarizados con Tony Robbins, Bob Proctor y Oprah Winfrey.

Pero esta comparación se aplica a cualquier empresa, proyecto o idea de negocio.

Tienes que empezar con una visión que te entusiasme, ya sea un proyecto para un negocio nuevo o el siguiente nivel de éxito en un negocio ya existente.

Después de haber diseñado la visión de ese negocio, necesitas verte a ti mismo como la versión nueva y más empoderada de ti mismo; en otras palabras: la versión 2.0 de ti mismo.

¿Cómo es esta persona? ¿Cuáles son sus hábitos, pensamientos y sentimientos?

Esta es una pregunta muy empoderadora, y debería darte una clara indicación de lo que necesitas mejorar. Por ejemplo, en mi caso, solía luchar con los horarios, ¡en serio! Lo intenté todo. Incluso me obligué a ir a las 5 de la mañana a un club que no era para mí. Pero una vez que me tomé un tiempo para centrarme en mi visión, pude ver mi nuevo y mejorado yo e inmediatamente entender lo que necesitaba hacer.

En lugar de esforzarme por despertarme temprano y seguir definiéndome como una artista que odia cumplir con los horarios, me describí como alguien que ama escribir por las mañanas y que adora la disciplina consciente. Empecé a cambiar mi identidad. Antes de darme cuenta, pude levantarme temprano de forma natural y trabajar en mis libros a primera hora de la mañana, ¡antes del desayuno!

El cambio puede ser muy duro. Y puede ser aún más frustrante para alguien que se haya implicado mucho en el desarrollo personal, que trata de aplicar diferentes técnicas de "superación personal", y aun así termina en el mismo bucle negativo.

Yo también estuve allí, y fue muy frustrante. Sentía que no era lo suficientemente buena, y siempre tenía que presionarme y mejorar. Es aquí en donde el desarrollo personal o la superación personal pueden ir mal.

Lo que ocurre es que te esfuerzas por cambiar las cosas y encuentras cada vez más resistencia, ¡lo que se resiste persiste! Entonces acabas sintiéndote molesto o incluso culpable de que nada haya funcionado y de que otros hayan podido hacerlo, pero tú no (más adelante hablaremos de compararte con los demás).

Después de darme cuenta de que la autoayuda convencional no era realmente para mí, me puse a buscar mis respuestas. Quería saber cómo crear un cambio permanente o un cambio de identidad profundo que resultara en un cambio de realidad.

Viajé por el mundo, conocí a diferentes personas y aprendí de varios mentores. Mi curiosidad me llevó a estudiarlos a ellos y a los patrones de éxito que seguían. Y una cosa que todos tenían en común es que sabían cómo cambiar su identidad para poder convertirse en lo que querían atraer.

En otras palabras, me di cuenta de que no siempre se atrae lo que se desea (sí, los milagros ocurren, pero esto está fuera del alcance de este libro). En cambio, **atraes lo que eres.**

Como dice el doctor Joe Dispenza: "*Tu personalidad crea tu realidad personal*". (in inglés: *"Your personality creates your personal reality."*)

La mayoría de la gente lo hace al revés: *¡Solo ponme en un lugar mejor, dame esta oportunidad de negocio donde* *todo está listo para mí! Hazme ganar dinero, ¡y entonces cambiaré!*

Como estoy segura de que puedes adivinar, este tipo de pensamiento no lleva a ninguna parte, o puede conducir a un éxito temporal que te hace sentir triste, agotado o decepcionado.

Lo más poderoso que puedes hacer por ti mismo es cambiar tu identidad y convertirte en una persona nueva. Borra las malas experiencias y enfoca conscientemente tu mente en las buenas vivencias. Cambia las quejas por la gratitud. Sé una persona de gran valor que atrae a personas de gran valor.

Considérate a ti mismo como el emprendedor que quieres ser. Pero no lo persigas y no te quedes atascado en querer y desear. Sé esa persona ahora encarnando sus acciones, hábitos, sentimientos y pensamientos.

Muchas personas se equivocan. Empiezan a pensar en sí mismos como emprendedores que ganan salarios de 6 o 7 cifras, pero en lugar de explorar la mentalidad de su nuevo yo, se limitan a centrarse en elementos superficiales como la ropa o los coches.

No me malinterpretes, no hay nada de malo en regalarse algo bonito y lucir bien. Si quieres comprarte algo bonito porque te gusta de verdad y te lo puedes permitir, y te hace sentir bien, ¿por qué no?

Ahora bien, si una persona se empeña en comprar algo que no se puede permitir solo para parecer rico o impresionar a los demás, aquí es donde la resistencia empezará a aparecer de nuevo. En cambio, lo que debes hacer es lo siguiente:

1. Diseñar la visión de tu negocio ideal.
2. Enfocarte en el *futuro tú* desde adentro: ¿cuáles son tus hábitos, rutinas y mentalidad?

Incluso me atrevería a preguntarte: *¿qué problemas nuevos tienes y qué te hace sentir enfadado?*

Verás, la nueva versión 2.0 de ti mismo no tiene tus problemas actuales, pero puede tener problemas únicos de mejor calidad. Por ejemplo, el problema de un nuevo emprendedor podría ser: *¿cómo puedo trabajar en mi negocio y desarrollarlo mientras sigo teniendo un trabajo a tiempo completo al margen?*

¿Cómo puedo conseguir mi primer cliente, o cómo puedo alcanzar ingresos de tiempo completo con mi negocio?

De la misma manera, la nueva versión 2.0 de ti mismo que es, digamos, un emprendedor que gana 7 cifras, puede estar experimentando una calidad diferente de problemas como:

- *¿Cuál es la mejor estructura fiscal para mi negocio? ¿Cómo puedo encontrar un contable de gran nivel?*
- *¿Cómo puedo atraer a personas altamente motivadas a mi equipo y cómo puedo dirigirlas?*

Analiza tus pensamientos, creencias y hábitos actuales y compáralos con los de la nueva versión 2.0 de ti mismo.

A continuación, concéntrate en un cambio simple a la vez, caminando literalmente hacia esa nueva y más empoderada versión de ti mismo.

Permítete transformarte y llegar a un nivel más profundo. Haz que tu mente subconsciente crea que el cambio es seguro. Al fin y al cabo, ya eres esa nueva versión 2.0 y estás actuando desde un lugar de confianza. Es normal que tomes acción y te guste, es natural que desarrolles tu negocio y atraigas a clientes increíbles.

Imagina la vida y el negocio de tus sueños. Imagina tu impacto e ingresos. ¿Quién es la persona que ya lo está haciendo realidad? ¿Quién es esa nueva versión 2.0 más empoderada?

¡Sé esa persona ya! Cada cambio de mentalidad realizado en la dirección correcta ayuda a reprogramar tu mente subconsciente y a hacerla creer que el cambio no solo es seguro, sino también posible.

Los peligros ocultos de manifestar desde tu antigua identidad

El principal peligro de manifestar desde tu antigua identidad es que necesitarás mucha fuerza de voluntad y puedes acabar quemado, como me pasó a mí.

Verás, en mi "vida anterior" no tenía ni idea de esto del cambio de identidad. Así que trabajé muy duro para probarme a mí misma frente a los demás, y manifesté un negocio exitoso. El proceso supuso mucha sangre, sudor y lágrimas. Pero mi problema era que seguía teniendo mi antigua identidad, seguía siendo muy insegura y no me sentía digna de la abundancia. Sí, tenía un poco más de dinero y éxito, pero había perdido mis ganas de vivir. Acabé muy enferma y deprimida.

Y esto le sucede a muchos emprendedores que tratan de manifestar desde sus viejos paradigmas o como sus antiguos yo. Piensan que una vez que manifiesten un negocio increíble, cambiarán. Pero casi nunca funciona así.

Así que, ahí estaba yo, que a pesar de haber manifestado un negocio rentable, me sentía vacía por dentro y cada día era una lucha. Aunque podía viajar por el mundo (y lo hice), seguía sintiéndome vacía y no podía disfrutar de mis viajes de forma consciente.

Me pregunté: ¿*esto es?* Pensé que después de alcanzar todo este éxito, me sentiría de otra manera. Y entonces, algo dentro de mí me dijo: *primero manifiesta tu nuevo yo, la autenticidad y la felicidad, y el resto vendrá.*

Me gustaba esa idea, pero mi viejo yo se impuso una vez más; así que me esforcé por intentar llegar al siguiente nivel. Pensé que tal vez si me ponía una meta de dinero más elevada, recuperaría mi pasión y realización.

Contraté a un mentor, quien era un empresario de gran éxito con un horario riguroso, que trabajaba hasta el cansancio prácticamente todos los días. Era un experto en marketing y productividad muy respetado que cobraba mucho por sus servicios.

Durante un tiempo, me sentí atraída por esta energía más bien masculina, pensando que tal vez era lo que necesitaba, que solo tendría que trabajar más duro, alcanzar el siguiente nivel, y entonces podría experimentar esa fugaz sensación de logro una vez más.

Tal vez... ¿Podría ser la versión femenina de ese mentor? Una vez más, el viejo ego y la identidad antigua eran los que hablaban a través de mí: *Sí, eso tiene sentido. Podría ser como él y cobrar precios altísimos, la gente me obedecería, tendría el poder de influir en ellos.*

Y ese mentor y todo su equipo me decían: *¡sigue empujando fuera de tu zona de confort! Entonces volverás a sentirte como una persona nueva.*

Como probablemente puedes adivinar, no terminó muy bien. Solo terminé con más ansiedad y agotamiento, y más tarde los ingresos de mi negocio comenzaron a reducirse cada día.

El ajetreo, el amolado, la nueva estrategia, el nuevo mentor... Nada funcionó, porque aunque estaba actualizando mis embudos de ventas, no me actualizaba a mí misma.

Ahora estoy agradecida por esta experiencia y soy una persona nueva, ya que aprendí mucho sobre mí misma y sobre el mundo. Finalmente, dejé mi antiguo negocio y decidí centrarme en lo que más me gustaba hacer: ¡escribir!

Dediqué mucho tiempo a hacer el trabajo interno para cambiar mi identidad, que es exactamente lo que quiero enseñarte a través de este libro. Después de todo, quieres crear un negocio que te guste y quieres atraer a personas a las que puedas ayudar. ¿Por qué empujar si puedes tirar?

Muchos emprendedores se manifiestan desde su antigua identidad, y muy a menudo desde viejas dudas y miedos.

Sí, pueden crear un negocio exitoso, pero si en su interior están llenos de dudas, su realidad empezará a reflejar eso tarde o temprano.

Lo que debes hacer es concentrarte en el hecho de hacer que las cosas se sientan normales para ti.

Por qué la "normalización" es el paso número uno para empezar a cambiar tu identidad y tu realidad

Es normal que hayas leído este libro. Lo tienes en Kindle, que es otra plataforma de libros electrónicos o e-books, o quizás en formato impreso o de audio. Probablemente hay un formato que prefieres, y usarlo es normal para ti.

No necesitas darle demasiadas vueltas. No necesitas intentar sentirte digno de leer libros o e-books. Eres una persona que prefiere leer e-books en lugar de libros normales, o al revés. O quizás eres una persona que disfruta escuchando audiolibros inspiradores en el coche. Para ti es normal. Es lo que eres.

Este acto de normalización también puede aplicarse a tu visión de los negocios y de la vida.

Imagina que ahora mismo eres propietario de un negocio con ganancias de 6 o 7 cifras, o cualquier otra meta que tengas. Tal vez en este momento solo quieras construir un ingreso lateral de tu pasión, y eso también está bien, sea lo que sea que desees. Visualízate a ti mismo como si todo estuviera sucediendo aquí y ahora.

¿Cuáles son tus pensamientos y reacciones ante las cosas? Toma la decisión consciente de aplicarlos a tu realidad actual y observa cómo se transforma. ¡Es tan simple como eso! Ahora bien, esto ha sido solo el principio o puedes verlo como el aperitivo. ¡Nos sumergiremos en los platos principales de la creación de esta increíble realidad en los próximos capítulos!

Ah, y no olvides leer este libro como la nueva versión 2.0 de ti mismo. ¿Por qué no?

Ya eres esa persona. ¡Esa nueva versión de ti ya existe! Solamente es cuestión de alinearte con ella a través de tus pensamientos, acciones, hábitos y sentimientos.

¡Hagámoslo!

El arte de la acción consciente y la productividad natural

Para poner en marcha la nueva versión de ti mismo, tendrás que emprender una acción alineada con la misma y ser constante. Al igual que con cualquier cosa en la vida, la acción es necesaria para hacer que tu visión se manifieste en la realidad física.

Pero, aquí es donde muchos lectores me preguntan: *¿cómo empiezo a tomar acción como mi nuevo yo, todo desde un nuevo paradigma? ¿Qué pasa si hago algo que no está alineado con mi nueva visión?*

Y la mayoría de las veces, al perderse en tantas preguntas, acaban encontrando excusas. *¿Debería quizás esperar con esto del cambio de identidad? ¿O tal vez pueda probar otra cosa?*

Como resultado, se quedan atrapados en la procrastinación y la inacción. He aquí cómo superarlo con lo que me gusta llamar "acción consciente y productividad natural".

En primer lugar, no procrastinamos por falta de rutina. Incluso con la mejor rutina u horario, se puede procrastinar. Mucha gente se atasca buscando el ritual matutino perfecto, cuando en realidad, el mejor es el que disfrutas y te hace sentir ilusión por levantarte.

Pero no se trata solo de tu ritual matutino, *¡sino del ritual de todo el día!* Una persona puede cumplir un ritual matutino fantástico y luego sentarse y quejarse todo el día. O podría empezar bien el día y luego volver a procrastinar y no completar nunca las actividades más críticas para empezar o desarrollar su negocio.

La planificación y la creación de rutinas solo funciona cuando se entienden los fundamentos y, en este caso, necesitas motivarte. Necesitas algo que te haga vibrar. Podría escribir otro libro sobre rituales matutinos y rutinas de éxito para emprendedores, pero una vez más, lo más importante es que desarrolles un músculo de motivación profundo.

La mayoría de la gente se motiva escapando del dolor. Por ejemplo: *"haré las llamadas de ventas, porque tengo facturas que pagar y no quiero que me desahucien"*.

O bien: *"trabajaré duro para demostrar que los demás están equivocados, para que no se rían de mí y no me digan que soy un fracaso"*.

No me malinterpretes, utilizar el dolor como motivación puede ser muy eficaz, y sí, así es como actúa la mayoría de las personas y la mayoría de los emprendedores. Lo más probable es que tu antiguo yo también operara desde esa realidad.

Además, muchas personas procrastinan porque se centran demasiado en lo negativo. Tienen demasiado miedo de pasar a la acción porque les preocupa que no funcione. En otras palabras, alimentan su músculo de la procrastinación y deben recurrir a la motivación basada en el dolor o a una fuerza de voluntad extrema para poder hacer algo.

Pregúntate, ¿es así como la nueva versión de ti quiere funcionar?

La motivación por el dolor consiste en pasar a la acción para sobrevivir. Aunque no la desacredito del todo, la utilicé cuando estaba en el punto más bajo de mi vida y tenía que reconstruirme tan rápido como pudiera. Por aquel entonces, mi motivación era poder pagar las facturas y sobrevivir. Funcionó en aquel entonces, y estoy agradecida. Pero una vez que manifesté mi objetivo de ingresos, también toqué el límite invisible y me acomodé. Ahí es a donde acaban muchos emprendedores.

Por suerte, ¡hay una forma mejor! Puedes elevar tus estándares y pensar y actuar como una nueva versión 2.0 de ti mismo y operar desde el amor para crear y construir, no desde el dolor para escapar. Este puede ser un cambio muy poderoso, y es así como operan todos los líderes y emprendedores de éxito.

Además, la motivación inducida por el dolor implica que no eres exitoso ahora y estás en una carrera de ratas para escapar de lo que no te gusta. Así es como activas la ley de la atracción de forma negativa. Tu enfoque está en lo que no quieres. No quieres trabajar en un empleo que odias, y no quieres servir a clientes que no te gustan, etc.

Tu realidad empezará a reflejar esa actitud, así que aunque empieces a manifestar más dinero, seguirás escapando sin poder disfrutar de lo que has creado. Ya conoces mi historia. Yo también he pasado por eso.

En lugar de eso, considérate a ti mismo como un creador poderoso y toma acciones conscientes desde un lugar de amor y gratitud. Utiliza la motivación basada en el placer, donde ya no hay techo ni dolor. Céntrate en las alturas revolucionarias que puedes alcanzar.

Enfócate en la gente con la que quieres trabajar y atraer a tu negocio, no tomes acciones para simplemente evitar atraer clientes a los que no quieres servir, ya que automáticamente cambiará tu atención a lo que no quieres.

Y la ley de la atracción dice: ¡lo que se enfoca se expande!

¡Lo que piensas constantemente, lo obtienes!

Desata una motivación imparable

(¡se acabó el pensar demasiado!)

Cuando tienes una motivación basada en el placer, prosperas y además te enamoras de lo que haces. Por poner un ejemplo, hay tareas específicas en mi negocio que no disfrutaba, una de ellas era la contabilidad.

Solía odiar la contabilidad y siempre la evitaba hasta que tenía que hacerla para presentar mis impuestos. Pero después de cambiar a la motivación basada en el amor, empecé a disfrutar el trabajo con los números. Ahora, es un ritual mensual que espero con ansias. Pongo mi música favorita, organizo mis facturas y las comparto con mi contable.

Ahora, todo se hace a tiempo, y mi contable puede hacer un mejor trabajo para ayudarme. Y lo que es más importante, sé exactamente a dónde va mi dinero y, como dicen, "lo que se mide, se gestiona".

Para manifestar un objetivo empresarial en el que estoy trabajando ahora, tuve que cambiar mi identidad a alguien a quien le gustan los números. Ya no podía esconderme como una niña pequeña que dice: "*Oh, pero no me gustan las matemáticas, prefiero escribir*".

¡Un cambio de mentalidad tan sencillo que me dio mucha tranquilidad!

Cuando tenía una motivación basada en el dolor, siempre esperaba ese temido plazo: "*si no hago esto, me pueden hacer una auditoría. ¿Y si me ponen una multa por retrasarme con los impuestos?*".

Ah, ¿y he mencionado que en aquel entonces siempre atraía a los contables que también esperaban y procrastinaban? Luego, por supuesto, me quejaba con otros dueños de negocios con similar dolor y mentalidad basada en el miedo. ¡Es el gobierno, es esto y aquello, todo menos yo!

Mi vida era una montaña rusa de fuerza de voluntad, agotamiento y demasiado apego. Siempre temía lo peor, ¡y muchos miedos se manifestaban en la realidad física! Para escapar, tenía que ponerme más y más capas.

¿Quieres diseñar tu vida y tu negocio como una montaña rusa? ¿Buscas algo para evitar el dolor? ¿Quieres esconderte toda la vida debajo de la cama en modo víctima? Si no es así, ¡comienza a tomar acciones conscientes desde un lugar de amor! Busca las cosas buenas que tendrán lugar como resultado de tus acciones.

La motivación basada en el placer es pura ley de la atracción, y es donde dejas de escapar y empiezas a crear. Te conviertes en la reina o el rey de tu castillo. ¡Te vuelves poderoso!

La motivación basada en el dolor significa tomar acciones basadas en lo que otras personas quieren para ti y tratar de escapar de eso. La motivación basada en el placer es cuando finalmente te eliges a ti mismo, a tus sueños y deseos. Sé tú mismo sin más capas. Cuantas más capas te quites al principio de tu viaje, mejor. Pasar a la acción se sentirá mucho más ligero y con más sentido.

Ahora mismo, estoy en la etapa más creativa y productiva de mi vida. No obstante, dedico menos horas, tengo mejores resultados y más tiempo para mi cuidado y desarrollo personal. ¡Todo porque ya no tengo esa *mentalidad de escapar* del dolor!

Por qué la plena responsabilidad es sexy y atractiva (¡y el universo te amará por ello!)

Otro cambio de mentalidad que debes aplicar para avanzar es el de ser plenamente responsable de todo lo que ocurre en tu vida. Suelta todas las viejas historias y excusas como lo son: *no puedo hacer esto porque soy demasiado viejo, demasiado joven, porque soy un hombre o una mujer.* Esa es tu identidad antigua tratando de detenerte. Es tu vieja autoimagen la que define tu identidad y, por lo tanto, tu realidad.

Donde estás ahora es el resultado de lo que has sido, consciente o inconscientemente. No dejes que los fracasos del pasado te definan. Aunque creas que has fracasado, en realidad estabas aprendiendo y sentando las bases de tu nueva y asombrosa realidad.

No existe el fracaso, o tienes éxito o aprendes. Lo único que lamento ahora es que en el pasado no fracasé lo suficiente. Entonces tenía mucho miedo. Ahora ya no me importa "fracasar". Actúo desde la curiosidad. Por ejemplo, ahora mismo estoy probando una nueva idea de negocio. He completado un curso de formación, lo he estudiado y lo estoy aplicando todas las noches. Disfruto del proceso de aprendizaje. Sé que incluso si no obtengo resultados rápidos en términos de dólares ganados, el esfuerzo que estoy poniendo para aprender más sobre el marketing en línea, eventualmente dará sus frutos. Puedo ver el panorama general.

Así es como piensan todos los líderes basados en el amor: invierten en sus habilidades, pero no se apegan demasiado a una oportunidad de negocio en particular.

Pero mi antiguo yo entraría en pánico: *"oh, ¿qué pasa si no funciona?, ¿o tal vez es una estafa?, ¿por qué siempre funciona para otros, pero no para mí?"*

Créeme cuando te digo esto: ¡todo tu esfuerzo se verá recompensado! Quizás estás creando contenido para atraer clientes, y las cosas parecen ir muy lentas. Pero piensa en tus esfuerzos de esta manera: al crear contenido de calidad, estás añadiendo valor y recogiendo tus puntos de buen karma. Al mismo tiempo, ¡te pones en la onda de la generosidad extrema! La gente sentirá tu buena energía. Incluso si las ventas no vienen directamente de los productos o servicios que originalmente y lógicamente diseñaste para obtener ingresos, tus esfuerzos eventualmente serán recompensados.

Cuando empecé a escribir, la mayoría de mis libros eran gratuitos. Muchos autores se reían de mí. ¡Simplemente seguía escribiendo y publicando todo gratis! Pero al ser generosa con mi contenido, atraje a un grupo de lectores fieles. Sí, algunos de esos lectores solo querían libros electrónicos gratuitos y no tenían ninguna intención de comprar, eso está bien. Pero, una de mis antiguas lectoras que me descubrió a través de mi contenido gratuito (este le sumó mucho valor a su vida), comenzó a promover uno de mis libros a sus seguidores. ¡Así es como logré el primer lanzamiento exitoso de uno de ellos!

¡Sin gastar dinero en ningún tipo de publicidad! Sabía que estaba utilizando el marketing energético. Lo que inviertas, lo obtendrás. Puede ser un canal diferente o una persona diferente. Puede que te lleve más tiempo. Pero todo volverá a ti si te mantienes paciente y te centras en la creación de valor mediante la auténtica autoexpresión (más sobre la paciencia más adelante).

Todo tiene consecuencias. Aquello en lo que te centras se expande. Así es como funciona la física cuántica. Cuando te centras en lo que no tienes o en lo que puede ir mal, tu vida, tu negocio, tus prospectos, tus clientes y tus empleados lo reflejarán.

Pero cuando te permites dar ese salto cuántico y pensar y actuar como tu nuevo yo, se siente como si todo a tu alrededor estuviera diseñado para ayudarte.

Créeme, unos pocos meses de trabajo de cambio de identidad pueden provocar cambios notables en tu vida y en tu negocio. Cuando empieces a mirar a tu antiguo yo, te sorprenderás de lo mucho que has avanzado.

Las dudas y el centrarse en lo negativo hacen que te sientas contraído. Pero cuando cambias tu mentalidad hacia lo que podría ir bien y todas las cosas fantásticas que puedes crear, sientes alegría. Estás realmente inmerso en el proceso, por lo que no hay espacio para el miedo o las dudas. Solo hay expansión.

Claridad mental para una confianza magnética (¡no dejes que tu antiguo yo te bloquee!)

Tener claridad y moverse con convicción y confianza borra automáticamente la procrastinación. Para ello necesitas saber tu *por qué*.

- ¿Por qué haces lo que haces?
- ¿Es porque no quieres ser mediocre o porque quieres ser extraordinario?
- ¿Es para evitar ser pobre o para atraer la abundancia?

La línea que separa tu antiguo y tu nuevo yo, es siempre muy estrecha, y debes tener cuidado en cada paso que des. No necesitas ninguna meditación específica, solo estar atento a tus rutinas diarias, a tus pensamientos, a tus acciones y a las razones por las que las realizas.

Poco a poco, empieza a pensar y actuar como tu nuevo yo.

Ahora bien, si ya tienes un negocio, supongo que conoces tus puntos fuertes, tus puntos débiles y tu modelo de negocio. Pero si eres un nuevo emprendedor y estás tratando de averiguar qué tipo de negocio empezar, las preguntas a continuación pueden darte algunas ideas *(al final de este libro, también comparto información práctica para diferentes modelos de negocio e ideas y más recursos para ayudarte).*

Ejercicio de claridad mental (conoce tu por qué y tu modelo de negocio como si tu vida dependiera de ello)

¿Te imaginas operando un negocio en línea que puedas manejar desde tu laptop para poder viajar por el mundo y ser independiente más allá de tu ubicación?

¿O tal vez quieres un negocio en línea para trabajar desde casa y pasar más tiempo con tu familia, tus amigos y tus seres queridos?

¿Te ves dirigiendo un negocio físico, que no sea en línea, tal vez una pequeña cafetería, una galería de arte, o tal vez un spa o un centro de curación?

¿Quizás te imaginas el valor que podrías crear para tu comunidad local?

¿O tal vez quieras hacer ambas cosas?

¿Asistes a clientes? ¿En dónde se reúnen? ¿Ofreces también asesoramiento en línea?

¿Qué te ves haciendo?

Asegúrate de imaginarlo todo en primera persona.

Tal vez te gustaría que te pagaran por ser un orador, entrenador o consultor internacional. ¿Te ves viajando y hablando en diferentes conferencias? ¿Cómo se sentiría eso?

¿Eres una persona introvertida o extrovertida? ¿Quizás quieras un negocio en línea que no requiera hablar con la gente en absoluto?

¿Quizás eres un empollón de la tecnología o un mago del marketing, y te imaginas construyendo embudos y campañas publicitarias para clientes?

¿Quizás construyes sitios web?

Si te gusta escribir, tal vez estés trabajando en tu propia marca de autor. ¿Qué escribes? ¿Ficción, no ficción o ambas cosas?

¿Quizás escribas contenidos para clientes? ¿O tal vez seas un empollón de la gramática y edites y corrijas documentos y libros? ¿Qué tipo de libros y qué tipo de documentos?

¿Sabes idiomas? ¿Qué tal si ofreces un servicio de traducción a tus clientes? Incluso podrías traducir libros enteros sobre los temas que te apasionan. Imagina que te paguen por traducir libros de la ley de la atracción ¿no sería genial?

Si te gusta el arte y el diseño, tal vez tengas un negocio de impresión bajo demanda, crees diferentes diseños y los subas a diferentes sitios web para generar un ingreso pasivo, basado en regalías.

¿O tal vez creas diseños para clientes o haces servicios de branding?

Tal vez solo te gusta comprar y vender cosas en línea. Entonces, ¿qué tal si empiezas tu negocio de comercio electrónico? ¿Tienes tu propia tienda en línea? ¿Tal vez también tienes tu marca en sitios web como Amazon?

Te encanta el coaching y la sanación. Bueno, ¿quizás creas programas de transformación y cursos en línea que puedes compartir con todo el mundo? ¿Quizá también tienes un canal de YouTube donde subes vídeos bonitos e inspiradores?

Tal vez eres un freelance que trabaja con diferentes clientes y empresas, bueno, ¿cuál es tu punto fuerte? ¿Qué servicios puedes ofrecer al mundo?

¿Crees que tus habilidades actuales son suficientes, o quizás necesites adquirir más conocimientos para convertirte en un experto? ¿Necesitarás algún curso certificado o formación adicional?

Sigue haciéndote preguntas que te capaciten y encontrarás las respuestas.

¿Con quién trabajas? ¿Qué tipo de personas atraes a tu negocio? ¿En qué les ayudas? ¿Cómo interactúas con ellos? ¿Qué te dicen después de entregar tus servicios y productos?

Tu imaginación puede ser tu mejor amiga, ya que es ahí a donde todo comienza, úsala para crear con conciencia, no para destruir con miedo.

¿Hacia dónde te diriges? Asume toda la responsabilidad porque nadie puede escribir tu destino. Tienes tu propio y único camino que seguir, tu energía es única, eres único.

No lo ocultes, utilízalo para tu beneficio siendo auténtico. En el mundo actual, sobre todo en Internet, cada vez hay más gente que añade más capas a su personalidad y quiere presentarse de forma superficial. Pero creo que ahora, más que nunca, la gente necesita líderes honestos, auténticos y positivos. Sé ese líder, aplícalo como motivación, ¡el mundo te necesita a ti y a tu trabajo!

Además, los buenos líderes de corazón entienden que no se trata solo de ellos, sino que entienden su *por qué* y su *quién*. Imagina que ves un anuncio que dice:

"¡Estamos contratando porque nuestro jefe quiere comprar un nuevo Lamborgini!"

Probablemente te reirías, ¿verdad? Pero muchos propietarios de empresas operan desde la mentalidad del "yo, yo, yo".

La mentalidad "yo, yo, yo" también viene de un lugar de escape del dolor, y refleja una visión a corto plazo. Sí, por supuesto, el propietario de un negocio próspero tiene todo el derecho a comprar las cosas que quiera, y no hay nada malo en ello.

Pero, como dice Zig Ziglar: *"para conseguir lo que quieres, debes ayudar a otras personas a conseguir lo que quieren"*. Esas otras personas son tus clientes y también pueden ser tu equipo. Incluso si eres una emprendedora en solitario como yo, en algún momento podrías contratar a un autónomo, un contratista independiente o un servicio profesional.

Es esencial tener una visión y una misión contagiosa. Por ejemplo, cuando busco un corrector para mis libros, no quiero cualquier corrector, en cambio pretendo atraer a un profesional que también sienta pasión por la ley de la atracción, la espiritualidad, la conciencia plena y los pequeños negocios.

Esa persona también es una emprendedora con sus objetivos y su visión, y quiero asegurarme de que esté contenta editando mis libros. Cuando la gente ama lo que hace, hace un trabajo mucho mejor, y todo fluye. Todo empieza por ti y por tu liderazgo interior. Una vez más, necesitas elevar tus estándares y operar desde tu Yo superior.

Las empresas revolucionarias dirigidas por el corazón se centran en el largo plazo. Sus líderes siempre trabajan su pasión y su músculo de la motivación para transferir su visión a sus equipos.

Cómo la mentalidad basada en la curiosidad y la disciplina consciente pueden ayudarte a manifestar más rápido (sin estrés ni agotamiento)

Si sabes quién eres, sabes lo que quieres y sabes para quién es, tendrás un éxito que superará tus sueños. Sí, puedo ver preguntas de lectores escépticos, como las siguientes:

"¿Pero qué pasa si contrato a alguien y no hace un buen trabajo?"

Bueno, ya aprenderás a contratar mejor la próxima vez. He cometido muchos errores con la contratación de personas en el pasado. ¿La razón? Mi antiguo yo.

Siempre fui muy escéptica con todo y no es de extrañar que casi siempre se manifestara, yo era una encarnación del escepticismo.

Cuando ves el mundo a través de un lente así, automáticamente criticas casi todo. Como resultado, muy poca gente quiere estar cerca de ti, y mucho menos hacer negocios contigo.

Por supuesto, ser demasiado ingenuo tampoco es bueno. El equilibrio es la clave.

La conclusión es que tu mente funciona como un motor de búsqueda. Así que, en lugar de preguntarte qué puede salir mal, pregúntate qué puede salir bien.

¿Qué pasa si contrato a un trabajador independiente y este termina este proyecto antes?

¿Y si publico este libro y a la gente le gusta?

¿Y si publico un vídeo o un podcast, y se vuelve viral?

Entrena tu mente para obtener resultados positivos, aunque no se manifiesten ahora (siempre hay un desfase temporal), con el tiempo lo harán. Cada vez que quieras quejarte, céntrate en la gratitud. Utiliza la curiosidad para pasar a la acción.

La acción basada en la curiosidad es algo que aprendí del experto en marketing auténtico George Kao (te recomiendo encarecidamente que lo busques en YouTube y Amazon).

He aquí un ejemplo:

¡Déjame lanzar este curso y veamos cuántas personas lo compran esta vez!

Déjame escribir 3 nuevas publicaciones en el blog cada semana para ver qué pasa.

Déjeme subir mi primer vídeo a YouTube para ver si tal vez una persona lo ve.

A veces, me gusta usar el humor, y me pregunto:

Veamos qué tan terrible puede ser este libro.

Veamos cómo puedo fastidiar el lanzamiento de este producto.

¿Tal vez pueda ser una buena historia que pueda compartir con otros emprendedores en algún momento?

Una vez más, no se fracasa. O tienes éxito, o aprendes. Así es como desarrollas tu músculo de disciplina mental y creas tu propio proceso. Mucha gente actúa solo cuando le apetece (especialmente en la comunidad espiritual y de la ley de la atracción). Lo contrario de eso es demasiado ajetreo y amolado (la comunidad empresarial).

Personalmente, me gustan los objetivos diarios orientados al proceso y la disciplina consciente. Por ejemplo, escribo todos los días durante al menos una hora, sin importar lo que ocurra. Eso me permite escribir y publicar nuevos libros con regularidad. Es lo que soy, y es lo que hago.

Una amiga mía persigue su objetivo como Youtuber motivacional. Sigue teniendo un trabajo a tiempo completo durante la semana.

En concreto, todos los sábados graba varios vídeos seguidos, los edita y los sube a YouTube el domingo. Durante la semana, tiene un trabajo de 9 a 5. Antes de ir a su oficina, hace ejercicio y, después de sus 9 a 5, entrena a clientes.

Su próximo objetivo es tener un asistente para las cosas técnicas y la edición de vídeo, para liberar sus domingos y poder centrarse en la creación de programas y el entrenamiento de los clientes. Entonces, podrá dedicarse plenamente a la actividad empresarial.

Se trata de crear tu propio proceso y seguirlo aunque te lleve más tiempo, no importa. El proceso por sí solo te ayudará a cambiar tu identidad y a convertirte en la persona que necesitas, para seguir creando la vida y el negocio de tus sueños.

Además, la acción imperfecta y el producto o servicio imperfecto que ayuda a alguien es mucho mejor que el proyecto perfecto que nunca se lanza y nunca ayuda a nadie, ¿verdad?

La inacción trae dudas, miedo y preocupación. La acción consciente y la disciplina traen libertad y abundancia. Y lo que es más importante, te ayudan a cambiar tu identidad y a cambiar tu esencia. No se requiere ninguna meditación avanzada o rituales. Simplemente empieza a actuar como lo haría *tu nueva versión 2.0*. ¡Sé lo que quieres manifestar y vibra en el mismo nivel!

Libérate del síndrome del perfeccionista

Saber gestionar tu mente equivale a obtener paz. Dejar que tu mente te controle, puede ser igual a estrés. Además, según la ley de la atracción, el estrés significa contracción, no expansión. Una mente estresada crea un cuerpo estresado. Es difícil pensar y tomar decisiones de calidad cuando siempre estás estresado. Quieres que tu mente trabaje para ti, para que puedas moverte con gracia y facilidad.

Cuando actúas bajo estrés, estás atrapado en una mentalidad basada en el miedo, por lo que tomas medidas para escapar del dolor en lugar de centrarte en el placer.

Pregúntate si te apegas demasiado al resultado final. ¿Pones tu trabajo en un pedestal? ¿Le atribuyes demasiado significado a tu negocio y a tu marca?

Yo solía ser culpable de todo lo anterior hasta que comprendí que todo está en constante cambio y transformación. Entonces, ¿qué sentido tiene atarse demasiado a algo que está en movimiento? Imagínate que te atas a un objeto en movimiento esperando seguridad y tranquilidad. Pues conseguirías precisamente lo contrario.

En el mundo del emprendimiento, muchas personas se apegan demasiado a la cantidad de dinero que ganan. *Soy un emprendedor con ganancias de 6 cifras, soy un consultor con ganancias de 7 cifras, o de 8 cifras, o esto o aquello.* No hay nada malo en ello si tu enfoque es la auténtica expansión, el crecimiento y el alcanzar todo tu potencial de una manera que disfrutes.

Pero, si construyes toda tu identidad y felicidad con base en la cantidad de dinero que genera tu negocio, pides sufrimiento. Cualquier negocio está destinado a tener meses de menores ingresos y tráfico. Algo puede pasar. Por lo tanto, si toda tu fuente de logros proviene de apegarte al resultado, cualquier resbalón mínimo en tu camino se traducirá en ansiedad o incluso en pérdida de motivación.

Tú NO eres tus ingresos, NO eres tu negocio y NO eres cuántos seguidores tienes. Considera que eres un creador poderoso, y enorgullécete de mantenerte en movimiento y hacer lo mejor para tu visión. Pero no definas todo tu ser en torno a tus resultados.

Conozco a un autor que logró resultados fabulosos con la publicación de libros, especialmente con la publicación de audiolibros. Este escritor incluso llegó a alcanzar ganancias de 6 cifras al mes en ventas. Rápidamente, me di cuenta de que empezó a construir un ego en torno a ese logro. No hay nada de malo en ello, en el hecho de que una persona realmente quiera honrar todo el trabajo duro que ha realizado, y ese autor trabajó muy duro.

Sin embargo, el problema apareció cuando su principal distribuidor de audiolibros cambió sus condiciones de servicio y, de un día para otro, sus ingresos se redujeron drásticamente. Entonces, perdió totalmente la motivación y la inspiración para crear nuevos libros. En su lugar, se limitó a quejarse en las redes sociales.

Al mismo tiempo, muchos otros autores se encontraron en una situación similar: sus ingresos se redujeron, pero en lugar de quejarse, se centraron en publicar nuevos libros para sus lectores, así como en crear nuevos proyectos en torno a la escritura y la creatividad.

La conclusión es que hay que aprender a dejarse llevar por la corriente. Nadie puede prometer que tu éxito será eterno. Yo también tuve que aprenderlo por las malas. Observa tu realidad y da siempre lo mejor de ti. Si una oportunidad llega a su fin, surgirá otra. Tienes que dominar la manera de avanzar. No te des la vuelta.

A esto es a lo que me gusta llamar la mentalidad del flujo constante. ¡Y esa mentalidad también te ayudará a liberarte del síndrome del perfeccionista! Todavía soy una perfeccionista en recuperación. Perseguir la perfección siempre me paralizaba, y tenía mucho miedo de compartir mis libros con el mundo. ¿Por qué? Porque en el fondo me aferraba al resultado perfecto, pero inexistente.

Mi mente me torturaba constantemente con pensamientos como: "*¿y si a alguien no le gusta mi libro, y publica un comentario negativo?*".

Así que me esforcé por evitar los pensamientos negativos. Pero la cuestión es que tu mente subconsciente no entiende la palabra "no", así que en su lugar escucha: *sí, por favor, piensa en cosas negativas.*

Entonces, entras en un trance hipnótico y te vuelves inconsciente. Crees que eres consciente porque sigues con tu día y todo eso. Sin embargo, estás totalmente poseído por pensamientos negativos y paralizado por el miedo.

Si te digo que no pienses en elefantes rosas, ¿qué verás en tu mente?

"Sí, el elefante rosa, ¡qué bonito!"

Los pensamientos negativos y el "tratar de no pensar en pensamientos negativos" es un gran drenaje de energía. Entonces, te enfadas contigo mismo y empiezas a "hacerte la pelota".

En esta etapa de mi viaje de emprendimiento, DEBERÍA estar ganando esta cantidad de dinero. Todo el mundo en Instagram tiene éxito, pero yo no. DEBERÍA ser esto y aquello.

Es una tortura para el cuerpo, la mente y el alma. Además, supone un drenaje de energía inmenso, ya que la que es desperdiciada en el miedo, la preocupación y el *"debería"* de nosotros mismos tratando de ser perfectos, podría gastarse en la creación, el crecimiento y la expansión.

Para escapar de este ciclo bastante desagradable de negatividad, encuentra de 1 a 3 actividades que sepas que son buenas para ti, que te ayuden a centrar tu mentalidad y que te muevan en la dirección correcta. Estas pueden ser: leer o escuchar a alguien que te inspire, o sumergirte en una actividad que sepas que es buena para ti y para tu negocio (por ejemplo, aprender una nueva habilidad, crear contenido o investigar el avatar del cliente).

Acaba con esos pensamientos negativos emprendiendo acciones positivas y significativas.

La incertidumbre y la falta de capacidad de compromiso también conducen a pensar demasiado. Esto sucede cuando una persona compra una tonelada de programas de formación empresarial, se pierde en el síndrome del objeto brillante, y no puede comprometerse con un modelo de negocio, para empezar.

Así que muchos nuevos emprendedores persiguen diferentes flujos de ingresos. Ahora bien, sí, la diversificación y los diferentes flujos de ingresos conforman una idea inteligente como visión a largo plazo. No obstante, todos los negocios con diferentes flujos de ingresos empezaron con uno solo. No es posible desarrollar tantas cosas a la vez, especialmente siendo un emprendedor en solitario sin experiencia. Y cuando se trata de la ley de la atracción, lo que encontré más efectivo, ¡fue enfocarme en una manifestación a la vez!

La razón principal por la que los nuevos emprendedores temen comprometerse con una idea de negocio, es que se desesperan por hacer que algo funcione (motivación de "escape del dolor"). Aunque la idea de probar diferentes oportunidades sea inteligente, muchos principiantes se pierden probando y saltando por todas partes, sin llegar a dominar nunca un modelo de negocio o una empresa.

¿Y si me comprometo, pero no obtengo resultados rápidamente? Esta es la mentalidad basada en el miedo que hay detrás del síndrome del objeto brillante. Pero, una vez que cambias tu mentalidad a: *"Veamos qué puedo aprender de esta oportunidad o modelo de negocio, o determinemos si se alinea con mis fortalezas y pasiones,* ¡todo cambia!"

No tengas miedo de comprometerte porque todo ese esfuerzo acaba dando sus frutos. ¡Siempre hay algo que se aprende en el camino! Y lo que aprendes, nadie te lo puede quitar.

Si eres un creativo o un creador de contenido, probablemente no es algo nuevo para ti que experimentes bloqueos. ¿O tal vez pienses que no eres lo suficientemente bueno y que debes esperar a tener más? Bueno, ¿adivina qué? Si yo hubiera seguido con esa mentalidad, no habría escrito este libro que estás leyendo ahora mismo.

Asume la disposición, la paz y la abundancia y muévete con seguridad. La única cura para el agobio es la acción. Ya has llegado a tu destino.

¿Quieres ser escritor? Pues escribe. Eso es lo que hacen los escritores: ¡escriben todos los días! ¿Quieres ser un artista? ¡Crea! No te preocupes por todos esos críticos que nunca pasan a la acción y lo único que hacen es criticar lo que ellos mismos no pueden hacer. Mantente abierto a la retroalimentación, pero solo de la gente que ya está haciendo con éxito lo que tú quieres hacer y de la gente para la que creas específicamente (tu público y tus clientes).

¡Tus respuestas se desarrollarán cuando te permitas estar en movimiento!

Según mi experiencia, las personas de mente simple lo tienen mucho más fácil que las personas lógicas. Yo siempre he sido una persona muy racional. No solamente eso, sino que seguía centrándome en lo que podía salir mal. Me entrené para tener una mente más simple y no tomarme a mí misma y a la vida tan en serio.

El humor también puede ayudarte a seguir adelante. Por ejemplo, si creas un contenido y recibes un comentario desagradable, celébralo. Crea una imagen divertida en tu mente, en la que estás en el escenario entregando premios a tus críticos más destacados:

"Bien hecho señora o señor crítico, pero aun así, ¡no es tan malo como podría haber sido! ¡Nos esforzaremos por asegurarnos de que tenga suficientes obras nuevas para criticar y estamos deseando leer su solicitud!"

Al mismo tiempo, asegúrate de centrar tu atención en los comentarios y opiniones positivas y agradécelos todos. ¡Roma no se construyó en un día!

Sé consciente de tus distracciones favoritas, y de las cosas que te gusta hacer para escapar del trabajo, el cual sabes que es tu puerta al impacto y la abundancia. Digamos que eres un entrenador o coach, y te prometiste a ti mismo hacer 3 videos en vivo en tu página de Facebook cada semana.

Con todo, sigues trabajando a tiempo completo, y ahora has tenido un mal día, tu jefe ha sido odioso, y todo lo que quieres hacer es ir a casa y darte el gusto de ver Netflix y beber un poco de vino para adormecerte.

Atrapa esos pensamientos cuando lleguen y rompe el patrón haciendo otra cosa. Por ejemplo, pon algo de música funky y baila. O piensa en algún recuerdo bonito.

Luego, levántate, sacúdete, cumple tu promesa y haz esos vídeos en directo. No los haces por ti, sino por tu gente, ya que quieres ayudarles con tus conocimientos y experiencia. Quizá ellos también hayan tenido un mal día y necesitan un contenido que les levante el ánimo. Tal vez, incluso estén pensando en entregarse a algún tipo de escapismo, pero ahora verán tu vídeo inspirador en directo y harán otra cosa. Al día siguiente, se sentirán mejor e inspirarán a los que les rodean. Tus acciones siempre tienen un efecto compuesto en tu realidad y en la de los demás.

Por otra parte, hoy en día, la gente quiere conectar con personas reales, no con gurús perfectos.

Así que, sé auténtico y comparte. Has tenido un mal día en el trabajo, pero sigues haciendo lo tuyo porque disfrutas ayudando a tu público. Es mucho mejor que esperar al momento perfecto. Una vez más, no se trata solo de ti, se trata también de la gente a la que puedes ayudar y, en consecuencia, de la gente a la que ellos (quienes ayudaste) pueden ayudar e inspirar, directa o indirectamente.

Cuando creas desde un lugar de honestidad y vulnerabilidad, sucede algo asombroso: te conviertes en un imán y atraes naturalmente a personas que están en la misma vibración. Todo lo que tienes que hacer es mostrarte y ser tú mismo. Sea lo que sea que quieras crear, simplemente empieza a crear.

Sí, al principio muy pocas personas se interesarán. Pero con el tiempo, tus esfuerzos se multiplicarán. Por ejemplo, nadie se interesó por mis primeros libros, los cuales publiqué en 2017. Fue solo después de lanzar *"Cómo no manifestar"* y *"La mentalidad para atraer el dinero"*, que comencé a atraer a una nueva audiencia de lectores, y ellos comenzaron a revisar mi trabajo anterior.

La ley de la atracción ama la paciencia. Es como entrar en tu restaurante favorito y pedir tu comida. Entiendes que tienes que esperar por ella y, mientras tanto, puedes disfrutar de un buen cóctel o una copa de vino.

Pero ahora, en la era del Internet, vivimos en modo de gratificación instantánea.

Nuestros antepasados tenían que moverse más que nosotros ahora, y tenían que hacerlo para sobrevivir. Actualmente, podemos recibir todo en la puerta de casa, pasamos mucho tiempo en nuestros dispositivos y, como resultado, todo el excedente de potencial no se esparce. En cambio, toda esa energía extra se acumula en nuestra mente. Cuanto más pensamos, más nos paralizamos. A veces buscamos el escapismo, que incluso puede llevarnos a las adicciones.

Además de mantenerte en movimiento y combatir el miedo mediante la acción positiva, ¡también puedes pasar de la cabeza al corazón!

Utiliza tu "Quién" para despejar tu cabeza

Tu corazón representa la alegría de crear para los demás y ayudarles a transformarse. Cada vez que me encuentro dándole demasiadas vueltas a mi cabeza o no estoy muy segura de qué escribir, hablo con mis lectores y me centro en sus problemas, en sus retos y en las transformaciones que quieren experimentar.

También puedes hacerlo en tu negocio, de múltiples formas diferentes; dependiendo de tu modelo de negocio. Por ejemplo:

- Encuentra foros o grupos de Facebook relacionados con el tema que enseñas y busca las preguntas que hace la gente, sus problemas y frustraciones. Sea lo que sea que crees, haz que tu misión sea ayudarles.
- Si tienes un negocio físico o fuera de línea, por ejemplo, un salón de belleza, o un restaurante, empieza a leer reseñas en Internet sobre establecimientos similares y mira qué les gusta y qué no les gusta a sus clientes, para poder crear un servicio o una experiencia basada en eso.

- Si vendes productos físicos, en línea o fuera de ella, entra en Amazon u otros sitios de comercio electrónico, y lee las reseñas que la gente deja sobre productos similares. Explora y aprende sobre lo que tienen en mente, lo que quieren y cómo puedes ayudarles con tu negocio.
- Si eres un artista o un creador, pregúntate cómo quieres que se sienta tu público. ¿Qué tipo de emoción? Intenta expresar eso con tu arte.

Despeja tu cabeza y céntrate en lo que quieren tus clientes. Ponte las manos en el corazón y di: *"gracias por darme la oportunidad de servirte hoy"*.

Así encontrarás tus respuestas y soluciones. Un estado relajado y pacífico destinado a servir a los demás. Al mismo tiempo, también es beneficioso para tu bienestar, porque despejarás tu cabeza y tendrás más energía para hacer las cosas que te gustan. Y si te gusta buscar respuestas dándole vueltas a la cabeza de alguien, ¡asegúrate de que sea la de tus clientes ideales y no la tuya!

Siempre que tu mente sufre, tu negocio también lo hace, ya que te incapacita de tomar decisiones buenas y empoderadas, quedándote atrapado en las emociones negativas originadas por huir de las cosas que no quieres.

Evita que tu mente se identifique con lo que está cambiando, como tus ingresos. En su lugar, céntrate en el placer de desarrollar tus músculos mentales y emocionales. ¡Disfruta del juego en sí mismo!

Pase lo que pase, ¡sucede PARA ti!

El dolor es simplemente una indicación de peligro. Cuando sientes dolor en tu cuerpo, sabes que es tu cuerpo informándote que algo está desequilibrado. El sufrimiento, sin embargo, es el dolor de la mente, que puedes infligirte conscientemente al centrarte solo en lo negativo. No todo se trata de ti o de quien eres. No te identifiques con tu coche, tu casa, tus ingresos y tus clientes. Ten en cuenta que los pensamientos por sí solos no son peligrosos, pero pueden convertirse en pensamientos excesivos, y ahí es donde puedes perder el equilibrio.

Siempre pueden pasar cosas. El sitio web en el que haces tus negocios puede cambiar su política. El gobierno de tu país puede subir los impuestos. Los costes de publicidad pueden subir. No puedes cambiar ninguno de esos acontecimientos, pero puedes elegir cómo responder a ellos y cómo utilizarlos para motivarte a seguir creando y construyendo.

Mientras escribo este libro, el mundo todavía está tratando de asimilar la realidad posterior al confinamiento. Mucha gente se vio obligada a empezar a trabajar desde casa. Algunos se quejaron, pero otros lo vieron como una oportunidad para aprender por fin habilidades en línea o cambiar su forma de trabajar. Durante el confinamiento, algunas personas se centraron en el miedo y la queja, y en que ya nada valía la pena. En cambio, algunos aprovecharon el tiempo para aprender a montar un negocio en línea, aunque sintieran miedo a lo desconocido y nadie les garantizara nada.

¡Por eso los mejores emprendedores son valientes! La valentía aparece cuando se pasa a la acción a pesar de los miedos y de la falta de seguridad o de garantías. De hecho, la única garantía que obtienes es la que te das a ti mismo, para ser tú mismo y hacer todo lo que puedas, aquí y en este momento.

Personalmente, utilicé el tiempo en confinamiento para mejorar mi salud, mi energía y mi mentalidad. Cerré el negocio que ya no me apasionaba. La pandemia lo perjudicó de todos modos, así que lo utilicé como motivación para ser honesta conmigo misma y seguir adelante.

Entonces, decidí centrarme por completo en la escritura. Sabía que mi misión de ayudar a la gente a elevar su vibración era más necesaria que nunca.

Conozco a muchos trabajadores de luz que utilizan diferentes modalidades de curación, y ellos también utilizaron la pandemia global como motivación para mostrar su trabajo al mundo, ya sea a través de sus libros, cursos, coaching o talleres en línea. No importa qué vehículo elijas, siempre que esté alineado con tu pasión y tus puntos fuertes.

Al ser una persona empática, sé que sentir el dolor de los demás a veces puede ser paralizante. Pero entiende que lo mejor que puedes hacer, es adentrarte en tu liderazgo interior primero. Por algo se te han dado tus dones, así que no los escondas.

Muchas personas empáticas se sienten provocadas por personas manipuladoras, sociópatas o narcisistas que tienen poder. Publican mensajes largos quejándose en sus perfiles de Facebook. ¿Por qué no utilizar esta energía creativa para centrarse en la línea de trabajo opuesta a la manipulación e inspiradora del cambio? ¿Te has dado cuenta de que los megalómanos y los narcisistas no suelen tener miedo de exponerse? Aunque no tengan nada bueno que ofrecer a los demás, todo gira en torno a ellos y a su poder y reconocimiento.

Bueno, ¿por qué no usar eso para motivarte a ti mismo a seguir tu línea de trabajo y tu auténtica autoexpresión para realmente ayudar a la gente? En lugar de quejarte de los gobiernos y de la gente que está en el poder, gobierna y empodérate. Date permiso para liderar e inspirar a otros de una manera que sea empoderante, todo desde un lugar de amor.

¡Sé lo contrario a esos narcisistas! Pero quédate con la única cosa que puedes aprender de ellos, y es que no tienen miedo de exponerse. Son coherentes con su mensaje. ¿Y tú y tu mensaje? Sabes que es positivo, sabes que puede ayudar a la gente. Sin embargo, te preocupa lo que pensarán los demás de ti. ¿Tal vez temes hacer transmisiones en vivo en Facebook, porque tal vez uno de tus primos vea lo que haces y tu familia comience a burlarse de ti?

Bueno, si ese es el caso, puedes usar la tecnología a tu favor. Crea otro perfil de Facebook, solo para tu trabajo y tus clientes, y utiliza un nombre diferente (por ejemplo, añade o deshazte de tu segundo nombre). A continuación, bloquea a toda tu familia y amigos de ese perfil (así nunca verán nada relacionado con tu trabajo, pero podrás seguir siendo amigo de tu perfil actual, que puedes mantener solo para interacciones personales).

¿Qué te parece? Muchas personas sienten un gran alivio al saber que pueden dedicarse a lo suyo y que nadie de su familia y amigos les hará ningún comentario. Por supuesto, esto puede cambiar. Tal vez tu familia y amigos te apoyen mucho y quieran verte hacer vídeos en directo sobre la sanación energética o tus sesiones de coaching o entrenamiento. Depende de ti. Desde luego, siempre puedes tener un perfil personal y otro profesional, no hay nada de malo en ello.

Y al igual que si estuvieras dirigiendo una tienda o un restaurante, puedes elegir a quién permites entrar en tu espacio. Se puede bloquear cualquier energía negativa.

Parece sencillo, pero muchos entrenadores, trabajadores de luz, creadores y autores hermosos posponen su misión porque tienen demasiado miedo de lo que pueda decir alguien de su familia. O tal vez quieren ocultar sus humildes comienzos.

Hablando de eso, para ser absolutamente honesta contigo, me siento avergonzada cuando miro mis antiguos libros. Pero ¡todos forman parte de mi viaje! Si no hubiera empezado hace varios años, no tendría el valor de estar escribiendo este libro.

Sé sincero contigo mismo. Las mentiras interiores, al igual que todas las mentiras, tienen las patas muy cortas y solo pueden llevarte al sufrimiento mental. No tengas miedo de ser quien estás destinado a ser. Elige cómo te sientes con respecto a ti mismo y al trabajo que haces. Combina la espiritualidad con el emprendimiento inteligente y basado en la acción, la energía femenina con la masculina, la intuición con la lógica, el deseo con la intención.

Utiliza esa energía en tu aprendizaje y en tu educación personal y empresarial. Por ejemplo, estudia un poco de espiritualidad y psicología para conocerte a ti mismo y a otras personas, pero al mismo tiempo, estudia marketing y negocios para entender cómo destacar, comercializarte y hacer que tu mensaje sea entendido por tus prospectos y clientes.

La mayoría de los empáticos, sanadores y emprendedores de corazón tienen mucho miedo de aprender sobre negocios y marketing, ¡y yo también he pasado por eso! Pero, una vez más, piensa en todos esos sociópatas y narcisistas a los que siguen muchas personas. Estudian los negocios y el marketing todo el tiempo, saben cómo exponerse y no tienen vergüenza. Imagina que todos los emprendedores de corazón también utilizaran esa mentalidad, pero de forma positiva. ¿Y si todos nuestros medios de comunicación se inundaran de repente con mensajes positivos y basados en el amor? Aunque esta visión es un poco idealista, no es imposible.

Verás, para permitir que tu luz brille y materializar el negocio que amas, a veces tendrás que romper el hielo y hacer cosas que quizás no te apasionen. ¿Recuerdas cuando te conté que me enamoré de los números y la contabilidad? Ahora mi vida y mi negocio van mucho mejor. Y antes de eso, me resultaba imposible centrarme en el crecimiento: ¡era una persona demasiado hippie y cucu!

Al mismo tiempo, conozco a muchos emprendedores grandes que podrían beneficiarse de equilibrar su lado masculino estudiando la espiritualidad e incorporando más empatía y corazón a sus negocios.

Pregúntate a ti mismo: ¿Qué lado necesitas trabajar más? ¿Tu lado masculino o tu lado femenino? Desde mi experiencia personal, he probado ambos extremos. En algún momento, fui una representación total del amor y paz hippy, y solo esperaba que los milagros diarios vinieran a mí sin hacer nada. Tuve un despertar frío cuando me di cuenta de que se me estaban acabando los ahorros, tenía facturas que pagar y no me llegaban los ingresos. Tenía que pasar a la acción para ofrecer realmente productos y servicios que la gente pudiera comprar.

Al mismo tiempo, también experimenté el extremo opuesto, cuando estaba en una época de afanamiento ciego por el trabajo, solo impulsándome más, tomando más acción. Todo giraba en torno a mí y a mis ingresos y, aunque lógicamente todo iba bien, en algún momento me encontré con el agotamiento y un enorme bloqueo, precisamente como describí al principio de este libro.

Puedes utilizar el cambio de identidad en cualquier momento, y preguntarte si necesitas sumergirte más en la espiritualidad, en la educación o en acciones de negocios y marketing.

Así es como se combina la ley de la atracción con la ley de la acción. Y esto es lo que todos los conocidos gurús de la ley de la atracción hacen por sí mismos. Ellos saben cómo hacer el trabajo interno, y esto es lo que enseñan, pero aparte de eso, también dirigen negocios donde crean productos y servicios que ayudan a la gente.

No dependen de la esperanza de ganar la lotería. En su lugar, diseñan negocios que aman porque entienden que el éxito a largo plazo viene de tomar acciones significativas y tener un propósito.

"Oh Elena, suena muy bien, ¡pero todavía no tengo ni idea de qué negocio poner en marcha! ¡Ni idea de por dónde empezar!"

Bueno, en primer lugar, deja de lado toda esa presión. Puedes centrarte en la alegría que experimentas al ir descubriendo qué negocio puede ser el adecuado para ti o cuál es tu propósito. Al final de este libro, he incluido algunos recursos de otros autores, así como algunas ideas de negocio que puedes explorar. No trates de apresurarte o de iniciar un negocio solamente porque sientes que todo el mundo está creando uno. Emprender también consiste en desarrollar tus músculos mentales y emocionales. Así que, si todavía no tienes ni idea de qué hacer, haz que tu misión sea ser tú mismo y céntrate en aprender. Con el tiempo, cuando encuentres la idea adecuada, sabrás exactamente qué hacer.

Tenía una amiga que ahora es una coach o entrenadora de éxito. La gente le paga una gran cantidad de dinero para que la entrene, y tiene una larga lista de espera. Pero le costó 8 años de exploración y pruebas constantes de diferentes ideas para encontrar su propósito. Todo el mundo se reía de ella y la llamaba "saltadora de nichos", ya que estaba en todas partes. Una semana estaba en un nicho de pérdida de peso, luego era una comercializadora de anuncios de Facebook, luego estaba editando videos para otras personas, y luego estaba enseñando meditación.

De cualquier modo, tenía la misión de encontrar su nicho y su avatar de cliente ideal y, cuando lo hizo, tuvo un éxito casi instantáneo.

¿Por qué? Porque era una mujer "todo en uno", ¡en serio! Sabía cómo hacer vídeos en directo para conectar con su audiencia, crear un blog y escribir publicaciones que se posicionaban bien en Google, reconocía cómo ejecutar anuncios de tráfico pagado en diferentes plataformas. Incluso sabía qué comer para cuidar su salud y gestionar su energía. Siguió probando diferentes ideas y nunca se rindió. Y la gente que se reía de ella, bueno, ¡ahora están en esa lista de espera, esperando ser aceptados como clientes!

¡La acción conduce a la atracción!

Cómo NO aprender (evita esta trampa)

La mera pasión por aprender no tiene precio, aunque muchos emprendedores experimentados la pierden. Se debe a la mentalidad dominante arraigada en nuestra sociedad, la cual consiste en que se supone que debes saber lo que quieres hacer por el resto de tu vida. Por ejemplo: en la adolescencia tardía, tu objetivo es ir a la universidad y obtener un titulo universitario para desempeñarte en el mismo trabajo durante toda tu vida.

No hay nada malo en este escenario para las personas que ya conocen su camino. Pero los mejores expertos y profesionales nunca dejan de aprender. Siempre hay algo que explorar, y nunca es demasiado tarde para cambiar de profesión, siempre que tengas el valor suficiente para aprender y crecer.

Sin embargo, el aprendizaje conlleva un peligro que debo mencionar. Mientras buscamos más conocimientos, tenemos la tentación de entrar en las redes sociales y buscar un gurú. Aunque no hay nada de malo en buscar a un experto que pueda ayudarte en tu viaje hacia el dominio de una nueva habilidad o modalidad, debes tener mucho cuidado de con quién abres tu mente.

El mundo de las redes sociales está lleno de exageraciones, y muchas personas, aunque tengan buenas intenciones, hacen publicaciones sobre lo genial que es su vida siempre. Algunos exageran o adornan sus ingresos y logros. Por ejemplo, en lugar de decir: *tenemos cientos de alumnos satisfechos*, dicen: *tenemos miles de alumnos satisfechos*. O presumen de sus ingresos, no de sus beneficios. Esto puede ser muy perjudicial para un emprendedor sin experiencia.

¡Puedes incluso llegar a pensar que no eres lo suficientemente bueno! Otras personas parecen tener más tiempo libre, más viajes, más libertad, más dinero, más amor y más impacto. Todo el mundo te lanza su fórmula perfecta, amplificada por alguna técnica de marketing del miedo a perderte algo o FOMO (por sus siglas en inglés – *the Fear of Missing Out*)

Sé muy consciente de cuánto tiempo dedicas a las redes sociales y a las personas que sigues. Personalmente, en la actualidad no utilizo las redes sociales, salvo el uso ocasional de mi perfil personal de Facebook. Eliminé mis otros perfiles hace más de un año para sumergirme en el trabajo interno. Hasta ahora, no echo de menos las redes sociales en absoluto.

Pero me doy cuenta de que para muchos de mis lectores, los canales de las redes sociales también sirven para desarrollar su negocio, y no pueden dejarlos de lado. En ese caso, utiliza esos canales como un poderoso creador. Utiliza la inspiración y la empatía en lugar del miedo, la fanfarronería y otras tácticas manipuladoras. Sé una personalidad honesta en las redes sociales, y deja que esa honestidad se convierta en tu realidad personal. Lo bueno atrae a lo semejante.

Muchos emprendedores hablan de transparencia y de lo honestos que son, pero sus acciones no se alinean con lo que dicen... No seas esa persona. Para crear una marca verdadera y auténtica, tus acciones deben alinearse con lo que dices y piensas (sí, el universo está al tanto de lo que sucede en tu interior).

No te enganches en pasarte por las redes sociales y compararte con otras personas. Si te comparas con otros, te amargas; si te comparas contigo mismo, es decir, el que eres hoy con el que eras ayer, ¡mejoras! Las redes sociales están diseñadas como una solución rápida. ¡Solo tienes que hacer clic en ese vídeo y verlo!

Las plataformas de redes sociales pueden drenar tu energía creativa. Ni siquiera puedo decirte cuántas veces he tenido planes ambiciosos para empezar a escribir y he decidido consultar Instagram rápidamente. Antes de darme cuenta, estaba en el seminario web de alguien, pidiendo un curso que realmente no necesitaba. Debería haberme centrado en escribir.

Por eso, por ahora, no uso las redes sociales, por lo que tengo más tiempo para el cuidado personal, la escritura y el trabajo interno. Me funciona bien. De todas formas, si utilizas las redes sociales, úsalas de forma consciente para conectar con la gente con la que quieres conectar o como plataforma para compartir tu mensaje y desarrollar tu marca de forma auténtica. Pero sé muy consciente de cómo gestionas tu tiempo. ¿Tienes una mentalidad de consumidor o de creador? Como emprendedor, tu principal objetivo debe ser crear, no consumir.

Por último, recuerda que la mayoría de los gurús de las redes sociales no pueden hacer el viaje por ti porque es tu viaje. Tienes que ser tu propio gurú. Ya tienes todas las respuestas que necesitas. Solo es cuestión de hacerse las preguntas correctas. Una de ellas es: ¿cuál es mi siguiente paso?

Incluso cuando sigas un programa que sea un sistema probado, recuerda que es solo el primer paso. Al final, para todo lo que hagas en la vida querrás tener tu propio sistema. En otras palabras, necesitas tener tu propia receta para el éxito.

Aprender de otras personas es estupendo, ya que puede abrir tu mente y ayudarte a crecer más rápido. Pero recuerda que tú, tu vida, tus clientes y tu negocio son tus mejores maestros.

Sé tu propio gurú y escucha tu voz interna. A veces, la quietud, un buen paseo por la naturaleza, escuchar música relajante o meditar, pueden ser mejores que ver el último seminario web de un gurú con la esperanza desesperada de que te solucione la vida.

Asimismo, no te desvíes del camino pensando en el aprendizaje como una forma de escapar de la acción y la práctica de tus habilidades. Al igual que con la conducción, tienes que subirte a un coche y conducir y, al igual que con la natación, debes permitirte entrar al agua y nadar.

Demasiadas redes sociales, las cuales usas como escapismo o por una necesidad constante de obtener nueva información, pueden hacerte sentir ocupado. Tienes esta ilusión de que eres productivo, y de que estás haciendo algo. Recibes un golpe de dopamina y experimentas un subidón temporal. Luego piensas en las cosas que querías hacer para tu negocio y te das cuenta de que estás demasiado cansado para pasar a la acción.

El verdadero secreto del aprendizaje consciente (y los peligros ocultos de las redes sociales)

Cuando se trata de aprender, existe un aprendizaje organizado e intencional y un aprendizaje caótico basado en el escapismo. El primero se da cuando caes en la cuenta conscientemente de qué habilidad necesitas mejorar para atraer ciertos resultados en tu negocio. Por ejemplo, te das cuenta de que necesitas contratar a un asistente virtual, entonces buscas información o formación sobre cómo hacerlo. Luego, procedes a contratar y así es como aprendes aún más: haciendo.

El segundo tipo de aprendizaje es más una distracción que un aprendizaje real. Se da cuando solo quieres mantener tu mente ocupada y ver vídeos al azar para matar el tiempo. Con frecuencia, te encuentras pensando que no eres lo suficientemente bueno. Ves el contenido de alguien que dice: *"hey, ¿por qué no estás manifestando un negocio con ganancias de 7 cifras todavía?"* Luego, ves otro video de alguien viajando por el mundo, y te preguntas si tu modelo de negocio actual es una buena idea, ya que quizás podrías ganar más dinero haciendo otra cosa. Te sientes culpable, caótico y desorganizado, por lo que tu negocio, tus clientes y toda tu realidad comienzan a reflejar ese sentimiento errático, eventualmente.

¡Protege tu mente!

La sobrecarga de estímulos también puede provocar ansiedad. Es así como te sientes culpable de no estar actuando, intentas forzarte a ser productivo y acabas sintiéndote quemado. Entonces empiezas a buscar algo para librarte de la ansiedad, sin darte cuenta de que son tu mente y tus acciones las que la crean.

Prueba a desintoxicarte de las redes sociales. Si necesitas de ellas para tu negocio o cualquier actividad profesional, asegúrate de separar tus perfiles de trabajo de los personales. Borra las aplicaciones de las redes sociales de tu teléfono para que no tengas la tentación de estar pasándote a cada rato por ahí. Cada vez que tengas ganas de desplazarte por las redes en tu dispositivo, utilízalo para leer algo positivo en su lugar. Conozco a muchas personas que se quejan de que les gustaría leer más, pero pasan al menos 1 hora al día en las redes sociales sin ningún propósito aparente. Ese tiempo se puede dedicar a crear algo significativo, a leer o a cuidarse.

Después de dejar las redes sociales, tengo más tiempo libre y mi mente está más tranquila. Ahora casi nunca me siento ansiosa. Pero, si lo llego a sentir, sé que se debe a una sobreestimulación o a una afluencia repentina de pensamientos negativos. Ten cuidado con lo que haces, y la ansiedad no te afectará.

Yo siempre digo: ¡deja de desplazarte por las redes sociales y empieza a manifestar!

Todo ese tiempo de desplazamiento puede emplearse en pensamientos y acciones positivas. Además mantienes tu mente limpia, no hay pensamientos negativos como: *"oh, no soy lo suficientemente bueno, porque otras personas en las redes sociales lo tienen mejor, son más inteligentes, más ricos, están más en forma, son más delgados, o lo que sea"*

Pues bien, lo que se ve en las redes sociales nunca es la imagen completa. Muchos influencers no quieren compartir sus días malos o sus errores. También tienen sus propios gurús a los que siguen, mientras que probablemente se atascan con pensamientos negativos como: *"todavía no soy lo suficientemente bueno y necesito más seguidores"*

¡Es un círculo muy vicioso!

¿Por qué mantenerte atrapado en la prisión de tu propia mente? ¿Por qué despertarse cada mañana con esa sensación de pesadez en el pecho? ¿Qué eliges? ¿Perseguir algo que es ideal y perfecto pero irreal? ¿O algo que es imperfecto, pero auténtico y que puede ayudarte a crecer a largo plazo?

Todas tus acciones tienen consecuencias y todas tus acciones se acumulan. Me tomó 3 años en donde usaba las redes sociales todos los días para darme cuenta de cómo mi mala elección influyó en tantas decisiones en mi "antigua vida". Todas esas decisiones estaban basadas en perseguir algo fuera de mí, y en escapar de lo que no quería, en lugar de centrarme en lo que realmente quería.

Tómate un tiempo ahora y pregúntate qué y quién influye en tus decisiones. ¿Es tu nuevo yo 2.0? ¿O es tu antiguo yo, engañado por algunas imágenes y publicaciones superficiales en las redes sociales? ¿Buscas la aprobación de otras personas? ¿Creas para encajar? ¿O creas porque se alinea con lo que haría la versión 2.0 de ti mismo?

Tómate unos minutos, cierra los ojos y respira profundamente. Alinéate con tu nueva identidad. ¿Qué nuevas decisiones fortalecedoras puedes tomar hoy para tener el control de tu mente mañana?

El éxito es un estado de relajación (deja de contraerte y empieza a expandirte)

Siempre que te sientas estresado, ansioso, o simplemente quieras alcanzar un estado de relajación profunda para sentirte mejor, tomar mejores decisiones y ser un mejor líder, te recomiendo encarecidamente que pruebes la técnica de relajación progresiva.

Relajación muscular progresiva por Edmund Jacobson

Primero, busca un lugar tranquilo donde no te molesten. Puedes tumbarte en el suelo, en la cama, en una esterilla de yoga o si lo prefieres, reclinarte en una silla.

Asegúrate de sentirte cómodo, y si es necesario quítate los zapatos y aflójate el cinturón o la corbata. Quítate las gafas, también.

Apoya las manos en tu regazo o en los brazos de la silla mientras te concentras en la relajación profunda. Ahora respira profundamente varias veces, muy despacio. Siente cómo se mueve tu vientre al inspirar y espirar. Sigue respirando mientras centras tu atención gradualmente en las distintas zonas de tu cuerpo.

Tu frente:

Aprieta con atención los músculos de tu frente durante unos 15 segundos. Siente cómo se tensan tus músculos.

Ahora, libera lentamente la tensión de tu frente mientras cuentas durante 30 segundos.

¿Sientes la diferencia en cómo se sienten tus músculos al relajarse?

Continúa repitiendo este proceso varias veces hasta que tu frente se sienta completamente relajada.

Cuando sientas que tu frente esté relajada, pasa a otras partes de tu cuerpo.

Tu mandíbula:

Tensa los músculos de tu mandíbula y mantén la tensión durante 15 segundos.

Ahora, suelta la tensión lentamente durante 30 segundos.

Una vez más, nota la hermosa sensación de relajación y continúa respirando lentamente. Repite la operación varias veces si es necesario.

Tu cuello y hombros:

(Este es mi favorito, ya que siempre acumulo mucha tensión en mi cuello).

Primero, aumenta la tensión en tu cuello y tus hombros levantando los hombros hacia las orejas y mantenlos en esta posición durante 15 segundos.

Suelta lentamente la tensión mientras cuentas 30 segundos. Observa cómo se disipa gradualmente la tensión.

Tus brazos y manos:

Cierra lentamente las dos manos en puños. Lleva los puños hacia el pecho y mantenlos así durante 15 segundos, apretando todo lo que puedas. A continuación, suéltalos gradualmente mientras cuentas durante 30 segundos. Reconoce la profunda sensación de relajación.

Tus glúteos:

Aumenta lentamente la tensión en tus glúteos durante 15 segundos. Luego, libera lentamente la tensión durante 30 segundos.

Nota cómo se alivia la tensión. Asegúrate de respirar lenta y uniformemente.

Tus piernas:

Aumenta lentamente la tensión en tus cuádriceps y tus pantorrillas durante 15 segundos.

Aprieta los músculos todo lo que puedas. A continuación, libera suavemente la tensión durante 30 segundos.

Observa cómo se va la tensión y disfruta de la sensación de relajación.

Tus pies:

Mientras respiras profunda y lentamente, concéntrate en aumentar la tensión en tus pies y los dedos de los pies.

Ahora, tensa los músculos todo lo que puedas. Luego, libera lentamente la tensión mientras cuentas durante 30 segundos. Observa cómo desaparece toda la tensión. Por último, continúa respirando lenta y uniformemente.

Haz este ejercicio siempre que te sientas estresado. La verdad es que si tu cuerpo está relajado, tu mente lo seguirá. Cuando te relajes, tu práctica de visualización tomará una nueva dimensión y, como un regalo extra, te sentirás de maravilla.

La relajación puede ayudarte a superar rápidamente tu estado "normal" y a alcanzar nuevos niveles de conciencia. También bloquea la preocupación, la impaciencia y la ansiedad.

La verdad honesta sobre el músculo de la paciencia (utilízalo a tu favor)

Cuando empecé a ampliar conscientemente mi práctica de manifestación expandiendo mi estado a lo largo del día, me di cuenta de una cosa esclarecedora: *siempre hay un retraso en los resultados, y tenemos que trabajar en mejorar nuestra paciencia.*

En otras palabras, si se demoran más, al principio puedes sentir que estás perdiendo el tiempo. Esto es lo que ocurría en mi vida. Pero lo que aprendí es que gracias a la visualización y a la relajación, mi estado mejoró, como así también mi productividad.

Ya no me sentía demasiado apegada al resultado. Por fin podía disfrutar del proceso y, a partir de ahí, empezaron a manifestarse cosas realmente increíbles en todos los ámbitos de mi vida. Fue literalmente como un sueño hecho realidad.

Pregúntate cómo sientes tu corazón, tu vientre y tu garganta. ¿Notas ansiedad o alguna energía contraída allí? Cierra los ojos, visualiza la realidad de tus sueños siempre desde primera persona, siempre a través de tus ojos.

Respira profundamente varias veces. Aplica la técnica de relajación que compartí anteriormente cada vez que notes alguna contracción en tu cuerpo, y continúa tu visualización.

Confía en el proceso. Mantén tu visión y recuerda que el universo es una inteligencia infinita que ya conoce tu orden. Aun así, deja de lado tus formas y canales específicos en los que predices que se manifestará tu deseo. Puede que se manifieste de una manera diferente a la que pensabas, ¡y eso está bien!

Puede que el universo también quiera ponerte a prueba. Tal vez, antes de que manifiestes tus millones, quiere que experimentes varias malas inversiones y negocios "fallidos".

Solamente porque quiere que practiques para el gran espectáculo. Para que cuando finalmente manifiestes tus millones, sepas cómo mantenerte alejado de las malas inversiones y de las ideas de negocio no rentables. El universo conoce tu camino y las lecciones específicas que necesitas aprender.

No fluctúes tu estado porque aún no puedes ver tus sueños manifestarse en la realidad física tan rápido como querías. Tus sueños ya existen, y tu yo superior ya los está viviendo. Así que, ¡enfoca tu mente y tu corazón en eso! Y siéntete bien y relajado en el momento presente. Sé consciente de tu mente y tu cuerpo. Los estados negativos son solo una retroalimentación. Únicamente puedes ser testigo de tus pensamientos. Pregúntate conscientemente: ¿quién piensa esto? ¿Es mi antiguo yo o mi nuevo yo? ¿Cómo piensa mi nuevo yo?

Ahora, a estas alturas, estoy bastante segura de que algunos lectores estarán pensando: *"¿cómo es que no nos ha dado ninguna estrategia todavía, ningún protocolo probado para seguir sobre la ley de la atracción?"*

Bien, ¿quieres uno?

Visualiza durante 7 minutos a las 5:55 AM de cada mañana, medita durante 17 minutos a las 11:11 AM, y haz tus afirmaciones diciendo que eres rico todos los días entre la 1 y las 3 PM. ¿Qué te parece un protocolo que puedes seguir ciegamente porque yo te lo he dicho?

¡Estoy segura de que algunos lectores se están riendo de esto!

Como emprendedor, tienes que aprender a filtrar la información y crear tus propios sistemas y protocolos. *"La ley de la atr-acción para emprendedores"* y el cambio de identidad no es algo que haces durante 5 minutos cada día. Es algo que adaptas como un estilo de vida y lo llevas a cabo como un juego. Ahora mismo, estás leyendo este libro, así que pregúntate: *¿quién lo lee? ¿Es mi antiguo yo o mi nuevo yo? ¿Lo estoy leyendo para escapar de la mediocridad o para alinearme con la excelencia y la abundancia?*

No se trata de seguir ningún ritual específico de la ley de la atracción, aunque puedes hacer tus rituales favoritos, si te apetece. Por ejemplo, si tienes alguna afirmación que te guste, ¡úsala! Si tienes un tablero de visión que te recuerde tu porqué, ¡úsalo! No hay una manera fija de hacer ninguna de esas cosas. *La mejor manera es la tuya.*

Conozco personas que manifiestan cosas increíbles, pero nunca han utilizado ningún método de manifestación específico. Lo único que hacen es un cambio de identidad. Se prometen a sí mismos ser su nuevo yo 2.0 que es naturalmente agradecido (no tiene que tratar de ser agradecido), naturalmente positivo (no tiene que tratar de pensar en positivo), y es un manifestante natural en un estado de flujo (no tiene que probar otro método para ver que tal vez funcione).

Hazlo como un juego. ¿Bebes café? Bueno, toma tu próxima taza de café como tu nuevo yo. Digamos que bebes tu café, y te sorprendes a ti mismo pensando en tus antiguos pensamientos limitantes como: *"oh, después de pagar todos esos impuestos, ¿podré pagar mis facturas? ¿Cuándo podré por fin viajar y vivir el estilo de vida nómada digital?"*

No hay nada malo en ello. Se trata de pensamientos normales de supervivencia, así que no intentes luchar contra ellos. Simplemente toma tu próximo sorbo de café, y permítete pensar como tu NUEVO Yo, conviértelo en un juego: *"vaya, por fin lo he conseguido, y aún recuerdo cómo el año pasado me tomaba el café preocupándome por las facturas que tenía que pagar. Pues bien, ahora mi única preocupación es crear un equipo excelente que trabaje para mí, ¡porque me lo puedo permitir fácilmente!"*

¿Te cuesta levantarte temprano? Puedes pensar como tu antiguo yo, como alguien que no es madrugador y que intenta obligarse a madrugar. O puedes tomar el asiento del conductor, entrar en tu nueva versión 2.0, y pensar en cosas como: *"Me encanta madrugar. No hay nada que me siente tan bien como hacer mis cosas más importantes antes del desayuno. Ahora tengo mucho tiempo para planificar y crecer"*

¿Qué hay acerca de las afirmaciones? ¿Eliges ser una persona que se siente pobre y espera atraer la abundancia mientras recita unas afirmaciones con las que ni siquiera resuena? *"Tal vez esto funcione porque alguien en línea lo está usando, y mi nuevo gurú dice que es la única manera"*.

O quizás, ¿eliges pensar y sentirte como una persona abundante que usa afirmaciones como un recordatorio de lo impresionante que es su realidad y lo agradecida que se siente? Tienes la libertad de usar cualquier afirmación que quieras. Solo tienes que ser consciente de lo que te enciende.

Por ejemplo, a algunas personas les gustan palabras como "abundancia" o "libertad". Pero otras prefieren "riqueza", "creación de riqueza" o incluso "dinero". Cada persona es diferente, así que no hay nada bueno ni malo.

¿Y los tableros de visión? ¿Sueles mirar el tuyo, esperando que tal vez un día todas esas imágenes se hagan realidad si te esfuerzas por manifestarlas? ¿O miras todas esas fantásticas imágenes como la nueva versión 2.0 de ti mismo mientras sientes una profunda gratitud?

Imagina que a tu empresa le ofrecen una gran suma de dinero. Digamos que en un día puedes recibir lo que ganaste en los últimos 10 años, todo en un día. Tu antiguo yo quizás piense:

"Oh, eso es mucho dinero, ¿qué voy a hacer con todo este dinero, y si lo pierdo?"

Todos esos pensamientos anulan la ley de la atracción. En cambio, tu nuevo yo puede pensar:

"Es normal que reciba grandes cantidades de dinero, estoy acostumbrado a ganar esta cantidad de dinero en 1 día. Todo el mundo a mi alrededor lo hace. Es simplemente mi realidad. ¡Es absolutamente normal para mí!"

El mayor activo comercial que puedes crear (¡todos los grandes líderes lo tienen!)

Mi antiguo yo se enfadaba mucho cuando no podía manifestar rápidamente:

"¿Por qué tarda tanto? Trabajo duro, quiero ayudar a la gente e invertir en mí misma".

Bueno, no se trata de la falta de esfuerzo. Muchas personas que realizan acciones masivas y no obtienen los resultados deseados, no saben lo que está pasando. Parece que hay algo interno que impide que su éxito se manifieste rápidamente.

Pues bien, hay que permitir que el proceso tenga lugar.

Eso significa paciencia. No puedes decir que eres paciente pero quejarte al mismo tiempo. Si sigues diciendo: *"bueno, he estado esperando pacientemente, pero todavía no se manifiesta, no es justo"*; denota que no eres paciente.

El mero hecho de que digas esto, le demuestra al universo que no tienes fe. Básicamente, lo estás bloqueando tú mismo al no tener paciencia verdadera. No importa lo que digas, se trata más bien de quién eres en su totalidad.

Sí, puede ser frustrante. Puesto que tomas medidas, creas, haces todo lo que puedes y no pasa nada. Y sí, por supuesto, no puedes sentarte a esperar. Así que bien hecho en pasar a la acción.

Pero mira en tu interior. Si sigues diciendo que eres paciente y estás comprometido, pero luego te quejas, significa que no eres paciente realmente. Sigue tomando acción y aprendiendo, pero ten fe en que al mismo tiempo, el universo dispondrá del tiempo divino. Además, en algunos casos, ten en cuenta que algunos emprendimientos pueden simplemente no ser para ti.

Por ejemplo, yo solía desear el estilo de vida de influencer de las redes sociales porque veía a otras personas hacerlo. Me esforcé mucho en ello, pero no tuve éxito. Al final, me di cuenta de que ese modelo de vida no era auténtico para mí. Y por eso, finalmente encontré mi verdadera vocación: escribir libros.

Por lo tanto, existen dos resultados posibles: tendrás éxito al final mientras desarrollas todos tus músculos mentales y espirituales, o descubrirás que ese emprendimiento no era para ti. Aun así, al final, descubrirás qué hacer para manifestar el éxito de tu negocio.

Digamos que has creado 50 vídeos en tus perfiles de las redes sociales y sigues sin atraer a los clientes que quieres, o no al tipo de clientes adecuado.

Empiezas a quejarte. ¿Qué señal envías al universo? No tienes lo que quieres, y por eso te quejas. Por tu deseo, el universo recogerá tu vibración y la amplificará para que sigas atrayendo lo que no quieres.

Ahora bien, incluso si contratas a un buen entrenador o coach de negocios, pero sigues operando desde la vibración de la carencia, lo más probable es que encuentres una forma de sabotear tu éxito.

Al centrarte en lo que va mal, creas una memoria emocional y vibracional de carencia. ¡La mayoría de la gente es muy buena en esto, de hecho! Yo también solía ser muy buena en esto, pero entonces me di cuenta de que podía utilizar la misma habilidad, pero de forma positiva.

Puedo crear una memoria potenciadora en su lugar y dejar de quejarme.

Créeme cuando te digo esto... Algunas personas pueden tener pocos ingresos. Sin embargo, están tan agradecidas y se sienten tan abundantes por dentro que, con el tiempo, empiezan a atraer oportunidades de creación de riqueza (si así lo deciden). Al mismo tiempo, conozco personas que pueden estar ganando mucho dinero, pero en el fondo, se sienten pobres o no lo suficientemente buenos, y así empiezan a crear más y más de ese sentimiento. Al final, todo depende de tu cuenta bancaria emocional. Y tu cuenta bancaria emocional ama la paciencia.

La paciencia aparece cuando creas desde un espacio en el que ya tienes lo que quieres. Primero, acepta tu deseo en tu mente. Crea un recuerdo positivo de la realidad de tus sueños ahora. Ten fe en que todo llegará en el momento adecuado. Confía en el tiempo divino.

Los obstáculos llegan porque el momento no es el adecuado, porque no tienes paciencia o porque te espera algo mejor. Es solo que tu estado actual de conciencia no puede verlo todavía.

Por qué NO BASTA con crear el avatar ideal de tu cliente hasta que no hagas una cosa en particular

Todas las empresas quieren atraer a clientes de calidad, clientes que estén dispuestos a trabajar con ellos y que puedan pagar por sus productos y servicios. Muchos emprendedores empiezan con un avatar de cliente soñado, lo cual es algo brillante. La claridad y la especificidad lo son todo. Pero, por las leyes del universo, no siempre atraes lo que quieres. Atraes lo que eres. Así que, si tú, como dueño de un negocio, tienes creencias limitantes sobre el dinero, tienes miedo de comprometerte, invertir en ti mismo y aprender, lo más probable es que atraigas a clientes y prospectos que piensen de manera muy similar.

Entonces, por la ley de la reactividad, empezarás a quejarte de que es difícil encontrar clientes, y tus clientes se quejarán de que es difícil encontrar los servicios de calidad que desean. Representa la receta perfecta para crear bucles negativos y sentirse atascado.

Para atraer a los clientes adecuados, pregúntate quién eres y cómo piensas. ¿Piensas y actúas como un emprendedor desesperado? ¿Siempre intentas el último truco de marketing para encontrar a personas adineradas, asumiendo que solo porque tienen dinero, querrán contratarte?

(¡Así es como yo solía pensar y actuar! Pero mi energía no estaba alineada con la afluencia y por lo que atraía a los prospectos afluentes y entonces los repelía debido a mi antigua y desesperada energía).

Tus prospectos, clientes, socios comerciales y todas las personas que hacen negocios contigo son un reflejo de ti.

Una conocida mía que es coach espiritual se quejaba mucho de los clientes poco fiables. Me contaba que reservaban consultas gratuitas con ella y no se presentaban a esas llamadas y, si lo hacían, solamente querían sonsacar su cerebro sin llegar a contratarla. O los clientes que sí la contrataban no pasaban a la acción y no querían hacer ninguno de los ejercicios de trabajo interno que ella les mandaba. Algunos pedían que se les devolviera el dinero cuando estaban a mitad de camino en sus programas.

En algún momento, se interesó en escribir y publicar su propio libro, así que me pidió ayuda. Le recomendé algunos libros y programas de formación que yo misma había estudiado para aprender sobre la publicación de libros, pero me dijo que no tenía tiempo y que, en cambio, le encantaría tener un entrenamiento privado conmigo. Aunque el coaching no es algo que haga normalmente, como me gustaba el trabajo que estaba haciendo, me ofrecí a ayudarla.

Le dediqué mucho tiempo y esfuerzo a estudiar su marca y se me ocurrieron ideas para su libro. Incluso creé un esquema de ideas para ayudarla. Al principio parecía comprometida. Sin embargo, agendamos una llamada y no se presentó. Luego, agendamos otra, y no volvió a aparecer. Finalmente, me dijo que necesitaba dos meses más para tener más tiempo y dinero, y entonces se comprometería totalmente y pagaría por mis servicios. Que realmente quería ir a por todas.

Así que creé un esquema completo para ella y un plan detallado para escribir su libro paso a paso. No obstante, pasaron dos meses y dejó de responder a mis mensajes.

¡No menciono esto para juzgar a esta persona! Porque en algún momento, yo era igual que ella, y no me extraña que no pudiera atraer clientes de calidad. También me resultó obvio por qué esta mujer siempre atraía a clientes que no eran serios, que querían sonsacarle el cerebro y que no se comprometían. Estaba atrayendo lo que ella era.

La conclusión es que cualquier cambio que necesites hacer en tu negocio, empieza por ti. No se trata del último truco de marketing en línea, ni tampoco se trata de cuál es la mejor plataforma de redes sociales.

(Aunque estas estrategias y tecnologías pueden ser útiles, y necesitamos algunas de ellas en estos tiempos).

Se trata de ti y de quién eres. Sé una persona de negocios seria, y entonces atraerás a clientes serios.

Utiliza el micro marketing de nicho energético para manifestar tus clientes soñados con facilidad

Ahora bien, tan pronto como empieces a cambiar y a volver a la raíz del problema, podrás comenzar a centrarte en el siguiente paso, que es el marketing simple y honesto. Sí, ese que consiste en ser honesto con las personas con las que quieres trabajar o atraer a tus productos y servicios.

En mi caso, estoy en un espacio de la ley de la atracción. No obstante, como quizás ya hayas notado, tengo un enfoque un poco diferente e incluso contrario al de la mayoría de los gurús de la ley de la atracción que hay por ahí.

Así que, dejo muy claro para quienes no están dirigidos mis libros. En mi biografía de autor, en las descripciones de los libros y en las introducciones de los mismos, le digo a la gente que no puedo ayudarles a manifestar un premio de lotería instantáneo. También menciono que mis libros son para personas que están listas para profundizar y trabajar en su mentalidad y energía.

Pero cuando empecé no sabía mucho sobre el marketing energético, y tenía una mentalidad muy ingenua: quería atraer a todos los que estuvieran interesados en la ley de la atracción. No importaba quiénes fueran o lo que pensaran, ¡pretendía ayudar a todo el mundo con todo! Y así, mis mensajes eran muy dispersos y demasiado genéricos.

Debido a eso, atraje a muchas personas que todavía estaban en una mentalidad de víctima y esperaban que arreglara sus problemas en 7 segundos o menos, dándoles algún truco de la ley de la atracción.

Así que aprendí la lección y decidí cambiar la marca de mis libros, dejando claro para quién escribo y para quién no.

Tu energía debe invertirse en construir un negocio que ames para que trabajes con gente que ames y a la que puedas ayudar. Cuando profundices en tus clientes, no pienses solo en su género, sus características demográficas o sus intereses. Pregúntate cómo piensan esas personas, qué sienten y cuáles son sus deseos.

Y sí, tuve que aprenderlo por las malas, pero no se puede ayudar a todo el mundo. Personalmente, soy una gran fan de lo que me gusta llamar micro nichos energéticos. En mi caso, la ley de la atracción es un nicho, y uno muy grande.

Mi mini nicho es la ley de la atracción para emprendedores, creativos, profesionales, sanadores empáticos, maestros y líderes. Gente que quiere usar las leyes universales para añadir valor al mundo, hacerlo un lugar mejor y manifestar abundancia en todas las áreas de su vida. ¡Te atraje porque tú ERES esa persona!

Pregúntate cuál podría ser tu micro-nicho energético y cómo puedes vincularte con tu avatar de cliente ideal. El primer paso es ser tú mismo. Deshazte de todas esas capas. Crea y atrae desde un lugar de verdadera autenticidad.

La fórmula de inmersión total para eliminar las creencias limitantes en piloto automático

¿Cuáles son tus verdaderos sueños, objetivos y ambiciones? ¿Te estás separando de ellos o acercándote a ellos?

Hace poco empecé a darme cuenta de los patrones específicos que hay detrás de todos mis éxitos. Mi descubrimiento me llevó a una conclusión directa: cada vez que podía centrarme en emprender una acción alineada y amar el proceso sin pensar demasiado en el resultado, concentrándome por completo en el proceso y sumergiéndome en el sabor de mi objetivo y mi visión, podía manifestar no solo más rápido, sino también con facilidad.

También me di cuenta de que el pensamiento lineal que aplica la mayoría de la gente no siempre conduce al éxito. El pensamiento lineal suele concretarse en lo siguiente:

- *Soy de esta manera, pero no soy lo suficientemente bueno.*
- *Debo establecer estas metas para ser lo suficientemente bueno, como una persona que ya lo haya logrado antes.*
- *Necesito torturarme para lograr esta meta, y solo entonces seré digno de ella.*
- *Quiero ser como mi gurú, así que intentaré hacer lo que él hizo, pero no soy lo suficientemente bueno.*
- *Mi progreso es demasiado lento... Necesito pensar lógicamente qué hacer, etc.*

Esto puede ser una carrera de ratas sin fin.

En primer lugar, ya eres lo suficientemente bueno. Todo lo que tienes que hacer es reinventarte y crear una nueva versión 2.0, o 3.0 o cualquier versión de ti mismo que necesites en este momento, para que esté alineada con tus objetivos actuales. La versión actual de ti se alinea con tus antiguos objetivos y tu antigua visión. No hay bueno ni malo, mejor o peor.

Cuando te sumerges en el proceso de hacer algo, no hay lugar para la duda.

Además, para tener éxito a largo plazo, necesitas tener un objetivo que te entusiasme y un proceso que puedas controlar. No siempre puedes controlar el resultado final, y a veces puede llevar más tiempo llegar exactamente a donde quieres. Pero si te centras en el proceso y te olvidas de todo lo demás, será mucho más fácil.

Pues bien, compáralo con tomar medidas con una mentalidad negativa como:

- *No soy lo suficientemente bueno, así que necesito ponerme caretas y fingir que soy otra persona.*
- *Otras personas lo tienen fácil, pero yo no.*
- *Otras personas tienen esto y aquello.*
- *Otras personas lo hacen más rápido.*
- *Me da vergüenza pedir opiniones porque aún no soy lo suficientemente bueno.*
- *Tengo que volver a empezar ese objetivo.*
- *Nunca consigo mis objetivos.*

Este tipo de pensamientos puede llevar a que te llenes la cabeza de un montón de malas hierbas, por lo que al final, te sentirás paralizado. He pasado por eso muchas veces. Normalmente, porque el objetivo no era para mí, o tenía expectativas muy poco realistas, o no estaba dispuesta a sumergirme completamente en el proceso ni a vivirlo ni a respirarlo. Saborea tu objetivo antes de estar preparado. Utiliza todos tus sentidos, y cuando establezcas un objetivo, no utilices solo tu mente y tu lógica, sino también tus sentimientos y emociones.

En lugar de complicar demasiado las cosas con: *"oh, primero necesito esto y aquello y luego tengo que ir allá y hacer lo otro"*, pregúntate: *"¿cómo puedo saborearlo o incluso saborearlo un poco?"*.

Mi objetivo es animarte a que eches un vistazo a tu situación y a tu objetivo actual. Algo que está en tu corazón, algo que sientes que es realmente para ti. Pregúntate a ti mismo:

- *¿Estoy posponiendo mi felicidad y realización en los negocios y en la vida?*
- *¿Estoy planificando y complicando demasiado el proceso?*
- *¿Hay una forma sencilla de al menos saborear mi objetivo o mi estilo de vida ideal?*

Incluso, si no puedes permitirte algo por completo, siempre hay una manera de saborearlo y plantar esta semilla en tu mente: *"eres lo suficientemente digno y seguro de ti mismo para conseguir lo que quieres..."*

Tus metas deben venir de ti y emocionarte. No te emociones con los planes de otros si no se alinean con tu visión.

Necesitas saborear tu meta y tu visión de una forma u otra, para que así seas capaz de fundirte con ellas. Sí, puedes hacer afirmaciones y visualizar, pero si solo es una repetición automática y no sientes nada, no será suficiente.

Lo más probable es que quieras repetir el objetivo de otra persona, el cual no es para ti. Céntrate en el proceso sin flipar con el resultado.

Por ejemplo, si tu objetivo es crear un canal de YouTube, ponte como objetivo de elaboración simple hacer un vídeo al día, porque así aprenderás. Puedes empezar a grabar utilizando tu teléfono y, más adelante, a medida que vayas avanzando, invierte en un equipo mejor, como lo son una iluminación adecuada y una cámara.

Siempre que hables de algo que aporte valor a alguien (aunque no seas perfecto ni bueno en el vídeo), puedes hacer YouTube. Con cada vídeo que hagas y subas, aprenderás los mecanismos de esta plataforma específica.

La inmersión total hace que sitúes toda tu preciosa energía en el proceso. Consecuentemente, luego de hacer eso;

empezaran a suceder cosas realmente sorprendentes, como las siguientes:

- No tienes tiempo para pensar en otras personas y en lo que piensan de ti.
- No tienes tiempo para torturarte a ti mismo y a tu mente con las noticias o informaciones que no te sirven. Estás totalmente alejado de los cotilleos, ya sean dentro o fuera de línea, y no hay influencias tóxicas en tu vida.
- Te conviertes en un creador apasionado y te sumerges en tu proceso de adquisición de habilidades, el cual siempre podrás aplicar en otro lugar.
- Desarrollas tus músculos emocionales.
- Aunque tienes objetivos específicos y una visión en mente, también comprendes que el verdadero éxito, la felicidad y la realización provienen de la unidad del corazón y la mente.

Piensa en un proyecto que estás posponiendo en este momento. O en un objetivo personal que, de alguna manera, esté relacionado con tu negocio o tu carrera.

- ¿De qué se trata? ¿Y qué es lo que te frena?
- ¿Has empezado siquiera? Si lo hiciste, ¿qué pasó?

- ¿Cómo cambiaría tu vida si pudieras empezar en los próximos 7 días, avanzar y terminar más rápido?
- ¿Qué es lo primero que te frena?

Ahora bien, piensa en ello, ¿qué es mejor... algo imperfecto que ayuda a la gente o algo que se suponía que era perfecto, pero nunca se creó...?

Podría permitirme pensamientos como: *"¿quién soy yo para escribir esto? No soy Tony Robbins. No soy un gurú. ¿Y si publico mi trabajo y a alguien no le gusta?"*

Siempre tengo pensamientos molestos como estos, pero la única diferencia es que con mi mentalidad actual, aún puedo actuar.

Me digo a mí misma: *"vale, por eso tengo que hacerlo. Tengo que demostrar a mis demonios internos que estoy al mando"*

Solo tengo que dividirlo en un pequeño plan de acción, centrarme en un paso a la vez y resolver los problemas y obstáculos a medida que se presentan.

Si toda mi atención se centra en los *"y si"* y en la negatividad, probablemente acabaré escondiéndome debajo de la cama y nunca haré nada.

Así pues, veamos qué ocurre si te centras demasiado en el objetivo final...

Digamos que has subido uno de tus primeros vídeos a YouTube, y empiezas a quejarte: *"oh, pero no se posiciona muy bien... ¡Solamente he recibido 50 visitas!"*

Pero luego, cuando realmente lo piensas y eliges la mentalidad positiva:

"¡50 visitas es mucho!" Imagina que estás hablando delante de 50 personas. Eso es todo un logro, ya que acabas de compartir tu mensaje con 50 personas.

La misma premisa se aplica a los autores de bestsellers. Te sorprendería saber que para la mayoría de estos escritores, se necesitaron docenas de libros para aprender realmente el juego de convertirse en un autor de bestsellers.

A la mayoría de la gente le encantan las historias de éxito instantáneo y los éxitos de la noche a la mañana. Muy pocos quieren oír hablar del proceso y de los esfuerzos entre bastidores. Pero la verdad es que uno se convierte en un "éxito de la noche a la mañana" después de muchos años de acción alineada. ¡Esa acción alineada puede ser divertida!

Crea objetivos increíbles basados en el proceso (¡no más ansiedad!)

Si empiezas a compararte con otras personas (a menos que las admires para inspirarte, lo cual ya es otra historia), es probable que lo estropees todo antes de empezar.

Ejemplo: puedes ponerte como objetivo alcanzar 1.000 suscriptores en YouTube en un mes. Técnicamente, sería posible para alguien que ya tiene experiencia con la plataforma de YouTube.

Y, por supuesto, tal persona tiene un proceso y un sistema en su lugar. Sin embargo, un novato, que se fija como objetivo 1.000 suscriptores en YouTube en un mes, puede subir algunos vídeos, desanimarse y pensar: *pero no funciona*. Entonces pierde la confianza y la motivación.

Una mejor solución sería establecer un objetivo como:

- Crear 5 vídeos de calidad a la semana y subirlos.
- A continuación, ver cuáles son los vídeos que tienen más atracción, optimizarlos y obtener la opinión de alguien con experiencia en YouTube.

- Luego, crea sistemas que permitan generar contenidos más rápidamente (quizás puedas contratar a un asistente que edite y suba tus vídeos)

La confianza consciente se adquiere centrándose en lo que podemos controlar y dominando esas habilidades.

Es similar a un objetivo como el de escribir un libro y convertirlo en un bestseller de Amazon en 1 mes.

Este objetivo es fácil y factible para alguien que tiene experiencia en la escritura y la publicación.

Pero alguien que es nuevo en la escritura, la organización del contenido, el trabajo con editores y correctores, la creación de títulos, la contratación de buenos diseñadores, la comercialización, etc.; necesitará más tiempo. De ahí que tenga más sentido construir una base sólida y centrarse en el proceso.

El proceso forma parte de la visión que tengas (como cierto número de seguidores o lectores). Céntrate en lo que puedes controlar y sigue acercándote a esa visión mientras adquieres más confianza.

Liberación total del: "¿Qué pensarán los demás de mí?"

¿Alguna vez has sentido que podrías hacer más, crear más, e incluso tener algunas ideas concretas, pero tiendes a quedarte atascado? Te bloqueas totalmente al preocuparte por lo que los demás pensarán de ti. O quizás, avanzas con tus objetivos, pero en el fondo, sabes que podrías avanzar más rápido y con más facilidad si pudieras deshacerte de esos molestos pensamientos:

"¿Qué pensarán los demás de mí?".

Este paso está diseñado para liberarte de eso. Te llevará algo de trabajo y práctica, por supuesto, pero una vez que lo hayas arraigado en tu mentalidad, ¡te sentirás tan liberado!

Pasé mucho tiempo obsesionada con lo que los demás pensaban de mí. Y luego, obsesionándome con cómo deshacerme de ese sentimiento molesto y desalentador.

La verdadera libertad llegó con la aceptación. Es normal que algunas personas te juzguen. Pero no importa. Si te concentras en otras personas, tu energía y tu concentración empezarán a sufrir.

Además, de lo que quizás no te estés dando cuenta es de que hay muchas personas que hablan de ti porque les inspiras, y te desean lo mejor. Así que céntrate en eso.

Cada segundo, minuto, hora y día es importante en tu misión. Como emprendedor, puedes ayudar a otras personas y crear abundancia para ti mismo a través de tus empresas y negocios. Toda tu energía debe estar puesta en ese pensamiento y sentimiento.

Tienes que ser consciente de que habrá muchas fuerzas que tratarán de distraerte, y esas fuerzas pueden estar en ti. Yo las llamo demonios internos, que son todas esas voces en tu cabeza.

Es difícil deshacerse de todos los sentimientos negativos. Pero puedes hablar con ellos y manejarlos.

Por ejemplo: *"Me siento ansioso por empezar ese servicio. No tengo una empresa grande. ¿Y si nadie me llama? ¿Y si pierdo el tiempo montándolo y no consigo ningún cliente?*

Acepta esos pensamientos negativos porque quieren decirte algo. Además, algunos pensamientos negativos pueden transformarse en acciones positivas. Sí, no tienes una empresa grande, pero no es necesario para empezar. Todas las empresas grandes empezaron como emprendimientos pequeños.

Entonces, ¿qué puedes hacer hoy para empezar?

Una vez que hayas entendido esto, el siguiente concepto en el que debes sumergirte es el de tus creencias limitantes. Todos las tenemos.

Muchas de esas creencias limitantes se adquieren de la gente con la que te rodeas. Por ejemplo, si todos tus amigos se quejan de sus trabajos y establecen la mentalidad de que eso es así y que emprender es demasiado arriesgado, ¿te facilitará esto el camino como emprendedor?

Por otro lado, si te rodeas de personas ambiciosas que tienen objetivos, sueños, deseos y persiguen un estilo de vida diferente, estarás expuesto a una energía diferente y te sentirás comprendido.

En el primer escenario, podría ser como hablar con la pared, el muro de la negatividad. En el segundo escenario, se trata de salir con gente que te empodera y te anima a pasar al siguiente nivel.

Algunas personas son negativas, pero no es su culpa. Y es que nunca tuvieron la oportunidad de aprender que hay formas de mejorar su mentalidad, su estilo de vida y su carrera. Nunca tuvieron acceso a esa información. O tal vez, tuvieron experiencias negativas con el emprendimiento, adquirieron una creencia limitante al respecto, y la están transmitiendo como su forma de "proteger" a otras personas.

Lo que necesitas es darte cuenta de tus creencias limitantes y, de nuevo, ¡el autoconocimiento y la aceptación son la clave!

Durante muchos, muchos años, tuve un montón de creencias negativas sobre el dinero, los negocios y el marketing. Me tomó mucho trabajo e investigación cambiar gradualmente mi mentalidad hacia una mentalidad de abundancia, y todavía estoy trabajando en ello.

Si eres como yo y no naciste en una familia rica, y viste que tus padres trabajando muy duro, no podían permitirse mucho, lo más probable es que hayas recibido creencias limitantes de parte de ellos. No es culpa de tu familia. Ellos se esforzaron al máximo y trabajaron duro. Nunca culpes a los demás.

Lo que encuentro más poderoso es esta mentalidad: *"en mi familia, todos trabajaron duro, ¡y es genial porque aprendí el valor de la acción!"*

Por qué la estrategia no es suficiente (la fuerza invisible de la autoimagen)

Todo empieza con la imagen que tienes de ti mismo. Si en el fondo crees que no eres lo suficientemente bueno o que no te mereces algo, no importa cuántas estrategias conozcas. Por ejemplo, conozco a personas que saben mucho sobre un montón de dietas diferentes, pero nunca pueden perder peso. Pues, lo mismo ocurre con un negocio en línea. He conocido a tantas personas que conocen muchas estrategias diferentes de marketing en línea, y aun así nunca pueden aplicarlas para crear un éxito duradero. Algo siempre sale mal y, entonces, se lanzan a aprender otra estrategia.

Lo que sea que quieras, con solamente querer no es suficiente para conseguirlo. Incluso me atrevería a decir que tomar medidas puede no ser suficiente, si la acción es aleatoria y no se toma desde un lugar de confianza.

Con una mentalidad equivocada, una persona que pasa a la acción y fracasa suele rendirse y crear una autoimagen de fracaso. Al mismo tiempo, una persona con una buena imagen de sí misma y una mentalidad confiada ve toda la experiencia como una lección para crecer y expandirse.

Se pueden replantear diferentes situaciones.

Por ejemplo: *"he metido la pata en el lanzamiento de un producto o un servicio. No ha salido como estaba previsto"*.

Tengo dos opciones:

1. *Esto no es para mí. No tengo talento, es demasiado trabajo y no se me da bien el marketing.*
2. *He aprendido mucho sobre el negocio, lo cual es genial. Ahora puedo volver a intentarlo con un proceso mejor.*

Nunca dejes que los malos recuerdos te hagan sentir indigno del éxito. Lo que asumes de ti mismo, lo proyectas en otras personas que también lo recogen.

Eso no significa que tengas que mentir sobre quién fuiste o ser falso y sin autenticidad. Empieza por aceptarte a ti mismo y a quien eres, utiliza eso como motivación y punto de partida para la transformación total.

Pero recuerda que tienes la libertad de convertirte en quien quieras ser.

No reduzcas tus objetivos y haz que la imagen que tienes de ti mismo sea mejor y esté más alineada con tu gran visión.

Ejercicio de empoderamiento:

- ¿Cómo te ves a ti mismo?
- ¿Cuáles son las emociones que sentiste cuando tuviste éxito?
- ¿Cuáles son las 3 cosas que estás manifestando ahora mismo?

¡El ÚNICO ejercicio que NO PUEDES DEJAR de hacer nunca!

Siempre visualizamos. Y siempre creamos nuestra realidad. Pero, si es la realidad de nuestros sueños, ¡es otra historia!

La mayoría de las personas simplemente corren en piloto automático, entre carreras que odian y distracciones autoimpuestas para entretenerse en el medio.

Por eso es tan importante permitir que nuestra mente trabaje para nosotros, no contra nosotros. Es de vital importancia que diseñes tu día ideal en tu mente y que anotes todos los detalles.

Lo creas o no, yo solía ser muy escéptica al respecto. Durante muchos años, decía: *"¡solo muéstrame cómo ganar más dinero y entonces, podré sentirme bien y hacer lo que quiera! Este trabajo interno es todo un engaño"*.

En algún momento, me desconecté de mí misma y me olvidé de mi razón y mi visión. Todos mis días eran muy ocupados y estresados. Mis amistades eran escasas y muy superficiales. Entonces me di cuenta de que había creado una realidad que era una prisión, no la libertad.

Así que volví a hacer el ejercicio del día ideal...

Puede ser un poco difícil al principio, ya que quizás te encuentres pensando: *"oh, pero realmente no sé cómo es mi día ideal"*.

Pero mientras te sientes cada día y escribas los detalles de tu día ideal e intentes sentirlos, vivirlos y centrarte en las emociones positivas que experimentas, podrás desbloquearte.

No es que tengas que sentarte y elaborar lógicamente la mejor versión de tu día ideal. Simplemente empieza ahora, hazlo, y a medida que tengas más ideas, no dudes en añadirlas. ¡Es realmente muy divertido!

¿Sabes lo que hacen los deportistas más exitosos?

Antes del partido o del evento, visualizan el proceso y el resultado exitoso. A continuación, se centran en sus sentimientos y viven el éxito en su imaginación.

También lo hacen después del partido. Sí, tanto si los resultados fueron positivos como negativos, en su mente, vuelven a reproducirlos como positivos (si el juego fue bien) para afianzar aún más esos sentimientos. Si el juego no fue exitoso, crean su propia repetición donde el resultado es exitoso.

Así (pase lo que pase), en su mente siempre tienen éxito, y refuerzan los recuerdos positivos con visualizaciones.

Coge un trozo de papel y un bolígrafo, y pon un temporizador para asegurarte de que te concentras por completo en esta tarea y te pones en marcha. Asegúrate de evitar las distracciones, apaga el teléfono, etc.

Te sugiero que no utilices ni el ordenador ni el teléfono, solo un bolígrafo y un papel.

Ahora, respira profundamente y permítete pensar en grande.

Tal vez quieras dedicarte a tiempo completo a tu pasión. Pues bien, imagínate haciendo eso para ganarte la vida. Tal vez quieras crear una imagen de tu cámara y una increíble audiencia en YouTube. Lees los comentarios de tu comunidad y te sientes feliz.

Mientras creas esa imagen, algo más puede aparecer en tu mente.

Compruebas las ventas de tus cursos en línea y sientes abundancia. O alguien te llama para ofrecerte una charla o quiere contratarte como coach. Atraes nuevas oportunidades de negocio y conoces a nuevos socios comerciales.

Entonces, otra imagen puede venir a tu mente... te despiertas en un bonito hotel, en un nuevo lugar. Oyes gaviotas. Te encanta viajar y hablar, que te paguen por hablar de lo que te apasiona.

Una de mis imágenes es escribir con vistas al mar. Recibir correos electrónicos de lectores felices y alegrarme de sus transformaciones.

"Puedo oler el mar. El sonido de las olas es tranquilizador".

Te vendrán los detalles. Algunos podrán parecer irreales, pero no pienses demasiado en el cómo, en cambio céntrate en el por qué. Siéntete digno y merecedor. Escríbelo todo.

- *Cuando te levantas, ¿cómo es tu habitación?*
- *¿En dónde vives? ¿En la ciudad? ¿En la naturaleza? ¿En un Ático, un chalet o un apartamento acogedor?*
- *¿Tienes hijos o cónyuge?*

- *¿Tienes alguna mascota?*
- *¿Cuál es tu rutina matutina? ¿Qué te gusta hacer?*
- *¿Tienes un entrenador personal y un nutricionista?*
- *¿Te despiertas en un espacio limpio y organizado? ¿Contratas a alguien para que limpie tu casa?*
- *¿Y tu oficina? ¿Dónde trabajas? ¿Cómo te comunicas con tu equipo?*
- *¿Cuándo y dónde almuerzas? ¿Qué haces por la tarde?*
- *¿Qué pasiones puedes perseguir en tu tiempo libre?*
- *¿Qué sientes?*

Mientras lo sigas haciendo cada día, acabarás creando una imagen que se convertirá en una rutina diaria; paso a paso, sobre el diseño de tu estilo de vida soñado.

Lo que también me encanta de este ejercicio es que puedes ver la versión futura de ti mismo, que es esencialmente una versión más fuerte del actual tú. El nuevo tú, tiene mejores hábitos y mentalidades. Lo que puedes empezar a hacer es adoptar tus hábitos futuros ahora mismo. Así es como vas a unir el nuevo tú con el actual y eventualmente lanzar la nueva versión de ti, cuando lo que ahora ves como una visión de sueño, luego será tu realidad.

Tu mente subconsciente se sentirá cómoda con ello y te llevará a tomar acciones inspiradas como una fuerza invisible.

Siempre que te sientas mal, cierra los ojos y concéntrate en las personas que te hacen sentir bien y te aprecian. En los negocios, pueden ser personas como tus clientes habituales o socios comerciales a los que admiras. Crea una imagen de ese sentimiento y reutilízala siempre que la necesites. La mayoría de la gente se centra en lo negativo y en lo que no quiere. Desde que empecé a centrarme en ese sencillo truco y, al mismo tiempo, a escribir en mi diario: *"atraigo a personas increíbles a mi negocio y a mi vida"*, me he permitido salir de entornos negativos y he hecho nuevas amistades que han resultado positivas para mí.

Es esencial que hagas estos ejercicios, aunque sea durante unos minutos cada día. La mayoría de los expertos en la mente subconsciente recomiendan hacerlos después de despertarse o antes de acostarse.

Deja ir la angustia (¡funciona como magia!)

Mientras te concentres en lo que puedes controlar, le des toda tu atención y seas constante, manifestarás el éxito. Entonces, ¿cómo hacer que eso suceda? ¿Y qué hacer cuando sucede algo negativo o cuando nos sentimos abrumados o atascados?

Mi mejor consejo para ti:

Si te sientes abrumado o angustiado, tienes que preguntarte por qué te sientes así, y por qué crees que es terrible sentirse abrumado. Verás, si vas al gimnasio y quieres obtener resultados que duren, habrá períodos de tiempo en los que tus músculos necesitarán adaptarse, y por eso se sentirán abrumados.

Lo mismo ocurre con los negocios y la vida. Cuando estás comprometido con el crecimiento, habrá situaciones que te harán sentir abrumado, ¿por qué intentar escapar de eso? Lo que puedes controlar es tu percepción y cómo reaccionas ante lo que crees que es una sensación de angustia.

En primer lugar, pregúntate cómo reaccionaría alguien a quien realmente admiras, alguien a quien consideras exitoso en tu campo, ante una situación que te hace sentir abrumado. ¿Qué haría él o ella? Además, ¿crees que esa persona también se sintió abrumada en algún momento? En lugar de sentirse reactivo, encontraron alguna forma proactiva para seguir adelante.

Por ejemplo, si te sientes abrumado por tu carga de trabajo, puedes buscar personas y recursos que te ayuden a cumplir tus objetivos más rápidamente. Los grandes líderes no dirigen solos y no tienen miedo de pedir ayuda.

Realiza un ejercicio mental cuestionándote lo siguiente:

- ¿Qué te hace sentir estresado y cómo puedes convertirlo en entusiasmo?
- ¿Cuál es la primera cosa que debes hacer a diario para acercarte a tus metas?
- ¿Qué te hace sentir abrumado? ¿Por qué te sientes así? ¿Es porque estás haciendo demasiado? ¿o muy poco?
- ¿Cuál sería una pequeña victoria diaria que te haría dormir fácilmente y con satisfacción? ¿Por qué no

empiezas hoy y disfrutas de cada pequeña victoria en tu camino?

Sé un emprendedor de la ley de la atr-acción, ¡Tú puedes hacerlo!

Ahora tienes todo lo que necesitas para vencer tu mentalidad limitante y cambiar a la nueva y más empoderada versión de ti mismo. Sigue creciendo y expandiéndote. ¡El mundo te necesita a ti y a tu trabajo!

Estás en el proceso de manifestar un increíble impacto y abundancia, no solo en tu negocio sino en todas las áreas de tu vida. Sinceramente, ¡creo en ti!

¡Gracias por leer este libro con la mente y el corazón abiertos!

Si has disfrutado de este libro, te agradecería mucho que dejaras una reseña honesta en Amazon.

¡Deja que otros sepan la lección número uno que aprendiste con este libro y quiénes crees que deberían leerlo! Más aún, ¿qué hace que este libro sea diferente de otros similares que hayas leído en el pasado?

La siguiente página contiene recursos prácticos e ideas para ayudarte en tu viaje.

Ideas prácticas de negocios:

1. Ofrece servicios de freelance en sitios web como Upwork, Fiverr y Freelancer.com (o busca sitios web de freelance en línea).
2. Crea cursos y súbelos a Udemy.com
3. Escribe libros y publícalos en Amazon, utilizando www.kdp.com
4. Realiza diseños y súbelos a Amazon Merch, Redbubble y otros sitios web de impresión bajo demanda.
5. Crea vectores y fotografías. Luego súbelos a diferentes sitios web de stock.
6. Abre un canal motivacional en YouTube (o cualquier canal basado en tu experiencia) y ofrece coaching o entrenamiento a tus suscriptores. También puedes diseñar cursos en línea para el autoaprendizaje o estudio autodidacta.

¡Te deseo mucha suerte, paz y prosperidad!

Elena

Más Libros de Elena G.Rivers en Español

La mentalidad para atraer el dinero: Deja de manifestar lo que no quieres y cambia tu mente subconsciente hacia el dinero y la abundancia

Desmitificando los secretos de la manifestación: Técnicas avanzadas sobre Ley de la Atracción para manifestar tu realidad soñada al cambiar tu autoimagen para siempre

El Amor de la Atracción: Secretos probados para dejar la mentalidad basada en el miedo, activar ley de la atracción y comenzar a manifestar tus deseos

Libro de actividades de ley de la atracción: Cómo elevar tu vibración en 5 días o menos para manifestar la vida y la abundancia que mereces

La visualización desmitificada: Los secretos nunca antes contados para reprogramar tu mente subconsciente y manifestar la realidad de tus sueños en 5 pasos sencillos

Escribe para manifestar: Ya es momento de diseñar y atraer la vida que sueñas con el método Scripting (incluso si piensas que no es posible

Encontrarás más buscando "Elena G.Rivers" en Amazon y en nuestra web:

www.loaforsuccess.com/spanish

Contacto:

info@LOAforSuccess.com

For English website & books visit:

www.loaforsuccess.com

www.ingramcontent.com/pod-product-compliance
Lightning Source LLC
Chambersburg PA
CBHW070044120526
44589CB00035B/2315